BESTACTIVITYBOOKS.COM

Copyright © 2022 LINGUAS CLASSICS

Tutti i diritti riservati. Nessuna parte di questo libro può essere riprodotta o usata in alcun modo senza il permesso scritto del detentore del copyright, eccetto per l'uso di citazioni in una recensione del libro.

PRIMA EDIZIONE 2022

Illustrazione Grafica Extra: www.freepik.com
Grazie a Alekksall, Starline, Pch.vector, Rawpixel.com, Vectorpocket, Dgim-studio, Upklyak, Macrovector, Stockgiu, Pikisuperstar & Freepik.com Designers

Scoprire i Giochi Gratuiti Online

Disponibile Qui:

BestActivityBooks.com/FREEGAMES

5 CONSIGLI PER INIZIARE

1) COME RISOLVERE LE PAROLE INTRECCIATTE

I puzzle hanno un formato classico:

- Le parole sono nascoste senza spazi o trattini,...
- Orientamento: Le parole possono essere scritte in avanti, indietro, verso l'alto, verso il basso o in diagonale (possono essere invertite).
- Le parole possono sovrapporsi o intersecarsi.

2) APPRENDIMENTO ATTIVO

Accanto ad ogni parola c'è uno spazio per scrivere la traduzione. Per incoraggiare l'apprendimento attivo, un **DIZIONARIO** alla fine di questa edizione vi permetterà di controllare e ampliare le vostre conoscenze. Cerca e scrivi le traduzioni, trovale nel puzzle e aggiungile al tuo vocabolario!

3) SEGNARE LE PAROLE

Puoi inventare il tuo sistema di segni. Forse ne usi già uno? Per esempio, puoi segnare le parole difficili da trovare con una croce, le parole preferite con una stella, le parole nuove con un triangolo, le parole rare con un diamante, e così via.

4) STRUTTURARE L'APPRENDIMENTO

Questa edizione offre un **TACCUINO** alla fine del libro. In vacanza, in viaggio o a casa, puoi organizzare facilmente le tue nuove conoscenze senza bisogno di un secondo quaderno!

5) AVETE FINITO TUTTE LE GRIGLIE?

Nelle ultime pagine di questo libro, nella sezione della **SFIDA FINALE**, troverete un gioco gratuito!

Facile e veloce! Dai un'occhiata alla nostra collezione di libri di attività per il tuo prossimo momento di divertimento e **apprendimento**, a portata di clic!

Trova la tua prossima sfida su:

BestActivityBooks.com/MioProssimoLibro

Ai vostri posti, pronti...Via!

Sapevi che ci sono circa 7.000 lingue diverse nel mondo? Le parole sono preziose.

Amiamo le lingue e abbiamo lavorato duramente per creare libri di altissima qualità. I nostri ingredienti?

Una selezione di argomenti adatti all'apprendimento, tre buone porzioni di intrattenimento, una cucchiaiata di parole difficili e una spolverata di parole rare. Li serviamo con amore e entusiasmo in modo che tu possa risolvere i migliori giochi di parole e divertirti imparando!

La vostra opinione è essenziale. Puoi partecipare attivamente al successo di questo libro lasciandoci un commento. Ci piacerebbe sapere cosa ti è piaciuto di più di questa edizione.

Ecco un link veloce alla pagina dell'ordine:

BestBooksActivity.com/Recensione50

Grazie per il vostro aiuto e buon divertimento!

Tutta la squadra

1 - Scacchi

物	キ	味	ブ	ン	シ	学	り	興	パ	ッ	シ	ブ	コ
真	ゲ	ポ	ラ	ゲ	プ	ぶ	キ	芸	プ	品	狩	ャ	ン
編	イ	イ	ッ	女	動	絵	た	撮	相	ラ	ャ	ス	テ
ム	ズ	ン	ク	王	喜	ン	ラ	チ	手	プ	ス	ト	ス
イ	ム	ト	品	編	ル	ラ	め	エ	に	戦	略	ト	ト
読	プ	ャ	ル	味	対	ー	ン	喜	ゼ	影	絵	編	活
パ	ダ	び	法	魔	角	ゲ	ピ	パ	書	ゲ	物	活	写
プ	レ	ー	ヤ	ー	ル	狩	写	オ	魔	ラ	シ	写	芸
写	ラ	ジ	グ	白	グ	魔	ゲ	ン	ク	び	ム	芸	び
ン	ジ	品	グ	釣	い	撮	賢	ト	ー	ナ	メ	ン	ト
り	狩	喜	編	り	品	ハ	い	エ	動	画	ム	シ	芸
時	間	ゼ	み	り	ャ	写	書	レ	ラ	品	ー	絵	動
撮	編	ハ	リ	釣	グ	犠	牲	猟	ム	ジ	法	び	書
課	題	工	絵	イ	ズ	ャ	ジ	法	ジ	レ	キ	ン	グ

相手　　　　　　　　　学ぶために
白い　　　　　　　　　ポイント
チャンピオン　　　　　キング
コンテスト　　　　　　女王
対角　　　　　　　　　ルール
プレーヤー　　　　　　犠牲
ゲーム　　　　　　　　課題
賢い　　　　　　　　　戦略
ブラック　　　　　　　時間
パッシブ　　　　　　　トーナメント

2 - Salute e Benessere #2

```
レ レ 品 真 活 リ り 影 ダ 動 活 魔 影 園
脱 水 一 魔 栄 養 活 ビ タ ミ ン ル 陶 り
撮 ン ゼ 法 シ 真 陶 写 興 ゼ シ 絵 リ エ
絵 画 ゲ 物 パ 喜 編 ゼ ク 撮 ダ 動 釣 ハ
消 パ 物 喜 活 体 園 ズ リ 血 興 ジ み 味
釣 化 喜 レ カ 釣 ダ び ム 写 レ 真 法 り
猟 病 キ ム ロ ト 影 撮 プ シ 狩 ダ 猟 撮
読 院 書 品 リ ッ ダ 釣 ー ジ ャ グ エ ン
影 ャ み ゼ ー エ ネ ル ギ ー 解 ラ 衛 生
写 影 ラ ズ ゲ イ 感 画 ル サ 剖 画 重 エ
グ 食 欲 元 気 ダ 染 ー レ ッ 学 遺 ク さ
動 ン エ ム 病 ム プ り ア マ パ 伝 キ 画
ム 活 ジ ン 魔 ー み 物 み 園 味 学 園 び
キ ム 釣 レ 読 喜 キ 真 絵 ズ シ グ ゼ ャ
```

アレルギー　　　　　　　衛生
解剖学　　　　　　　　　感染
食欲　　　　　　　　　　病気
カロリー　　　　　　　　マッサージ
ダイエット　　　　　　　栄養
消化　　　　　　　　　　病院
脱水　　　　　　　　　　重さ
エネルギー　　　　　　　元気
遺伝学　　　　　　　　　ビタミン

3 - Aggettivi #2

```
有猟ググ強ダク狩ャムエ責陶
名グーみい甘ー劇的レ任芸
なグラー甘ーり動パ者新
名誇り絵白物物写ンパ法着
芸興ムク編面びクグレパトク
ナびルびみグ絵みレンダ撮
味チ画ン魔オセみティッ味
ムクリクンクラン生シ撮
ジ猟物ラ辛ラ編気ダ園
ユ物ラエいみエ元活釣的園
書編イムイド陶キ読り的プ
陶ムン味ルりィ猟ゼ釣写ル喜
グ法ジ喜空ピダ写活ハ法喜イ
ジ芸絵腹活ズ書ャ絵法喜イ
猟ジ芸絵腹活ン品撮物法喜釣
ルプシ真エア陶ン品撮物正喜釣
喜影ー動画説明レ園真正常真り
```

空腹　　　　　　　　面白い
ドライ　　　　　　　ナチュラル
オーセンティック　　正常
クリエイティブ　　　新着
説明　　　　　　　　誇り
甘い　　　　　　　　生産的
劇的　　　　　　　　ピュア
エレガント　　　　　責任者
有名な　　　　　　　塩辛い
強い　　　　　　　　元気

4 - Ingegneria

品	ム	ン	ハ	狩	編	ラ	み	エ	読	グ	釣	物	シ
動	図	法	動	シ	影	ー	写	パ	リ	喜	ダ	レ	プ
ン	喜	直	径	読	撮	び	書	園	釣	り	真	ム	真
編	び	動	イ	び	狩	ダ	リ	魔	釣	グ	魔	編	レ
プ	撮	園	イ	り	エ	ル	イ	ズ	推	撮	り	芸	猟
園	品	ラ	角	度	真	安	リ	絵	編	進	建	設	シ
み	絵	ハ	プ	構	造	定	軸	ム	回	転	ゼ	法	興
び	み	釣	ダ	ダ	喜	性	魔	書	分	布	読	イ	品
エ	ネ	ル	ギ	ー	デ	ィ	ー	ゼ	ル	測	ル	プ	ク
釣	陶	絵	ク	タ	液	ズ	真	絵	物	ー	定	ク	活
ー	レ	ャ	ク	ー	り	体	ラ	エ	ダ	リ	機	動	ダ
動	リ	シ	レ	モ	計	算	レ	キ	ズ	味	械	猟	法
プ	物	園	グ	強	さ	狩	園	芸	書	パ	グ	品	ゲ
ダ	ル	品	み	リ	レ	猟	深	さ	ギ	ア	動	法	品

角度　　　　　　　　　液体
計算　　　　　　　　　機械
建設　　　　　　　　　測定
直径　　　　　　　　　モーター
ディーゼル　　　　　　深さ
分布　　　　　　　　　推進
エネルギー　　　　　　回転
強さ　　　　　　　　　安定性
ギア　　　　　　　　　構造

5 - Archeologia

```
ラ ジ 絵 み 芸 オ 遺 芸 忘 分 エ 味 興
み 影 専 門 家 ブ 物 ラ れ 析 イ 法 編 ク
ャ イ 陶 釣 法 ジ ジ ゼ ら ン ル キ ー パ
芸 キ 興 狩 ハ ラ 影 れ 工 書 陶 書 キ
化 石 写 芸 味 ク 猟 ム た 骨 狩 ジ 釣 物
ダ 編 子 狩 ジ ト ミ ラ り ゼ 絵 猟 釣 プ
ズ 編 孫 ー 研 イ ス ャ ゲ 物 興 ル ム ャ
ラ 文 編 ン 究 レ テ 興 ン 編 真 狩 狩 キ
時 明 不 グ 者 墓 リ み 動 パ 狩 法 影
味 代 狩 ズ 喜 ム ー チ 品 エ 教 ン ハ
キ 読 陶 ハ ダ 芸 物 リ 編 年 ム 評 授 び
読 陶 撮 ズ 絵 び グ ハ 読 動 興 価 プ パ
ン ズ 法 ン 真 書 ハ 絵 活 陶 画 物 ゲ 法
キ 寺 喜 ク プ ゲ ン パ ル ム 画 活 陶 器
```

分析　　　　　　　　ミステリー
陶器　　　　　　　　オブジェクト
文明　　　　　　　　教授
忘れられた　　　　　遺物
子孫　　　　　　　　研究者
時代　　　　　　　　不明
専門家　　　　　　　チーム
化石　　　　　　　　評価

6 - Salute e Benessere #1

反	射	エ	リ	物	ク	釣	び	読	ラ	キ	ダ	ン	画
法	ズ	猟	細	ラ	興	狩	グ	喜	味	編	イ	園	画
画	陶	狩	ダ	菌	編	パ	陶	園	陶	ム	ム	編	ク
真	み	真	物	り	法	ゲ	び	り	編	ム	び	ク	編
高	ゼ	読	喜	絵	ル	品	り	レ	画	猟	真	み	ハ
さ	骨	筋	肉	ラ	習	慣	ゲ	味	ア	ク	ティ	ャ	ブ
興	プ	診	ホ	イ	味	真	写	ャ	リ	ダ	喜	ャ	ル
飢	餓	療	ル	ハ	ジ	ャ	イ	骨	折	み	り	芸	興
ー	写	所	モ	肌	興	ー	画	陶	ル	グ	パ	影	グ
ム	味	喜	ン	キ	シ	園	興	び	り	パ	ズ	狩	ウ
ン	プ	薬	リ	ラ	ク	ゼ	ー	ショ	ン	神	経	イ
狩	品	ャ	局	園	姿	ゲ	ゼ	ン	び	パ	芸	喜	ル
薬	魔	ャ	パ	レ	勢	パ	び	プ	猟	治	み	医	ス
写	ム	ジ	み	パ	動	ャ	味	ル	絵	興	療	者	グ

習慣　　　　　　　　筋肉
高さ　　　　　　　　神経
アクティブ　　　　　ホルモン
細菌　　　　　　　　姿勢
診療所　　　　　　　反射
飢餓　　　　　　　　リラクゼーション
薬局　　　　　　　　治療
骨折　　　　　　　　ウイルス
医者

7 - Aggettivi #1

野心的
芳香族
芸術的
絶対
アクティブ
巨大な
エキゾチック
寛大な
若い
大きい

同一
重要
遅い
モダン
正直
完全
重い
貴重
深い
薄い

8 - Geologia

```
レ 狩 味 び キ カ 洞 法 び 絵 結 酸 編 シ
興 パ パ エ シ ル 窟 編 陶 ダ 晶 み ダ び
英 園 溶 ハ 興 シ 編 興 陶 書 み イ 陶 狩
石 ル 岩 ダ 猟 ゲ 編 動 法 物 コ ラ ル
乳 大 侵 食 塩 ウ 動 ハ レ 活 エ ラ
鍾 陸 グ 法 ズ ム パ 高 撮 グ 喜 品 ネ
動 動 興 火 山 喜 ン 石 筍 原 読 ラ 品 ミ
プ 動 ラ 魔 写 レ 写 層 味 法 品 間 品 ハ
喜 芸 猟 芸 シ 真 興 リ ジ キ 写 欠 魔 イ
グ 興 地 活 ゲ ャ 法 陶 猟 味 陶 泉 ゼ シ
魔 ラ 震 陶 ゼ 法 陶 み ハ 読 物 ー
ー 化 石 ハ り 活 狩 ャ イ 品 狩 シ 興
ー 絵 み パ 活 興 ー 書 ー 園 リ 法 釣
ジ 芸 み 動 ラ 釣 狩 び 法 グ り 狩 活 ャ
    ズ レ
```

高原　　　　　　　　間欠泉
カルシウム　　　　　溶岩
洞窟　　　　　　　　ミネラル
大陸　　　　　　　　石英
コーラル　　　　　　石筍
結晶　　　　　　　　鍾乳石
侵食　　　　　　　　地震
化石　　　　　　　　火山

9 - Campeggio

物	地	真	キ	山	テ	動	レ	ム	び	ダ	陶	ル	釣
編	魔	図	ャ	猟	ン	喜	シ	影	法	ャ	シ	味	
撮	画	ャ	ビ	ロ	ト	動	ゲ	喜	ハ	ジ	動	法	
狩	猟	ン	ン	ー	ズ	ン	品	読	ジ	ン	ク	ラ	
釣	影	ー	ー	プ	レ	モ	ハ	魔	り	画	楽	ラ	味
活	ダ	画	影	帽	パ	ッ	動	ラ	物	キ	し	動	パ
み	パ	魔	狩	冒	子	ク	影	ム	読	読	い	魔	絵
昆	画	陶	ラ	険	撮	ハ	ム	味	魔	画	味	写	絵
虫	み	魔	ル	エ	ー	園	ル	絵	み	コ	ン	パ	ス
湖	書	リ	狩	シ	味	写	陶	動	物	法	グ	ハ	喜
ー	パ	ー	ン	カ	ヌ	ー	真	動	イ	絵	火	狩	ラ
ム	み	陶	ル	釣	ゼ	レ	動	編	動	ク	陶	影	
品	自	編	編	書	木	森	法	園	ゼ	イ	ン	書	月
ー	然	真	り	喜	猟	り	ク	品	ダ	レ	物	ハ	ゲ

ハンモック 帽子
動物 ロープ
冒険 楽しい
コンパス 昆虫
キャビン 地図
狩猟 自然
カヌー テント

10 - Arti Visive

```
ハ 画 イ 動 プ 写 真 ワ ニ ス 物 グ 画 シ
彫 刻 ー 画 法 ゼ 園 ズ ル ム 真 び ゲ リ
構 法 ゼ エ 釣 グ グ エ 喜 釣 ル リ イ 猟
炭 成 ル 映 画 グ 品 編 ジ エ ハ 品 り ク
写 み 猟 レ 園 魔 レ リ リ ゼ 書 物 ラ ム
り 陶 イ 喜 ラ 影 創 ゼ び ゲ グ 品 真 エ
ー グ ブ 品 ー ジ 活 造 ゲ リ 法 パ 画 ル
み ダ ィ ー ラ リ 味 書 性 ゲ パ ダ 興 撮
ア ー テ ィ ス ト ジ グ み ク 書 ダ 品 ハ
絵 猟 ク グ ク ー 絵 撮 法 ゲ み 法 狩 法
ゲ 撮 ペ 書 ッ レ ハ 絵 画 チ ョ ー ク 粘
建 物 ス 絵 ワ ト 鉛 筆 ル 園 影 り イ 土
築 ー プ 喜 ー 狩 撮 傑 ス テ ン シ ル
ー 興 パ ー 動 ポ イ 魔 り 作 ダ ペ ン ク
```

建築
粘土
アーティスト
傑作
イーゼル
ワックス
構成
創造性
映画
写真

チョーク
鉛筆
ペン
絵画
パースペクティブ
ポートレート
彫刻
ステンシル
ワニス

11 - Tempo

```
読ムム興ム月活書狩キ影ラキび
狩味ンプ影ズ日昨イキ前真ラゼ
パ魔ダ猟真喜今猟ラエン工画編
カレンダーグダみーラ写キイ通
分ゼ未来魔動ク興品興狩編夜年
園エイ園時絵真喜狩写釣り活読
真グパ物ズ間物ゲャ朝ン動読レ
パゼ品味グレ十ゼ味法世紀写活
グ芸ージ興撮年書グイ影ハプ書
影陶書瞬撮陶狩り芸編びパ撮
ジリ猟画ゲ味シ動シ物イグンレ
エズジ陶時工真ンイ園ーシャ昼
園ダイル週撮ム影真芸ク喜撮
狩読読るみ物味ンパみ後釣狩み
```

通年　　　　　　　一瞬
カレンダー　　　　今日
十年　　　　　　　時間
未来　　　　　　　時計
昨日　　　　　　　世紀

12 - Astronomia

宇	宙	飛	行	士	品	品	リ	猟	絵	エ	重	撮	猟
品	ル	イ	者	ゲ	レ	興	ゲ	ゼ	び	イ	カ	り	シ
編	法	天	学	動	物	魔	味	ハ	活	ゼ	シ	編	リ
惑	春	分	文	小	惑	星	星	座	ロ	ケ	ッ	ト	超
雲	星	釣	天	台	望	遠	鏡	銀	興	ゾ	陶	ル	新
絵	レ	読	写	読	地	芸	物	河	ャ	デ	ズ	釣	星
シ	物	動	ダ	シ	猟	球	猟	プ	画	ィ	物	エ	園
パ	エ	影	撮	猟	ラ	ム	興	キ	プ	ア	猟	ゲ
ダ	み	ジ	ム	園	ャ	ク	写	空	月	ッ	ム	釣	放
ズ	ク	影	ゼ	キ	猟	芸	び	流	星	ク	レ	画	射
り	撮	真	リ	陶	画	魔	写	園	シ	プ	ダ	レ	線
書	動	リ	宇	宙	ズ	影	り	興	ダ	絵	興	読	リ
影	写	ラ	ゲ	活	読	り	影	喜	動	猟	パ	絵	ダ
写	猟	グ	ー	プ	芸	魔	ハ	ル	ク	プ	魔	ハ	編

小惑星
宇宙飛行士
天文学者
星座
春分
銀河
重力
流星
星雲

天文台
惑星
放射線
ロケット
超新星
望遠鏡
地球
宇宙
ゾディアック

13 - Algebra

び	ズ	式	番	イ	喜	興	ハ	釣	画	物	読	リ	活
ラ	写	ム	号	ジ	み	園	ハ	芸	写	画	喜	法	猟
影	猟	写	解	喜	園	び	興	和	因	子	ダ	興	編
ハ	魔	品	決	方	程	式	エ	リ	園	ゲ	動	法	グ
園	編	び	ャ	ハ	喜	ハ	絵	イ	真	プ	ャ	喜	ゲ
真	変	数	マ	ト	リ	ッ	ク	ス	ラ	問	レ	書	品
ャ	猟	括	喜	猟	品	ク	ゼ	ー	品	題	猟	図	喜
グ	ラ	フ	弧	ハ	法	偽	陶	ハ	線	形	ン	シ	絵
単	純	化	法	無	限	ゼ	ロ	ハ	レ	イ	パ	喜	影
ハ	ゲ	ズ	ル	分	猟	ゼ	び	イ	ズ	物	び	レ	キ
ジ	ン	ハ	狩	数	指	品	品	法	ー	興	リ	ハ	シ
興	釣	リ	味	魔	絵	魔	活	写	び	法	減	陶	興
撮	興	ク	ク	び	レ	味	品	キ	み	ゼ	算	陶	読
ダ	法	芸	狩	リ	ハ	猟	法	ク	写	ル	書	シ	読

方程式
指数
因子
分数
グラフ
無限
線形
マトリックス

番号
括弧
問題
単純化
解決
減算
変数
ゼロ

14 - Mitologia

```
モズ戦書モ編不喜興真芸釣写写
編一士写ン絵死読物ラ魔クシパ真
魔ータパス狩法ム物生復真ャ真読
法ル真ルタ法ヒりパき讐イレ読ャ
のプシグー読ー書ー物撮ク園ャ
工魔嫉ゼムロみゲ読活興読狩
リ活妬ン物原一稲神パゼ読イパ
興クキ編真ゼ型妻々リ作成イ味
画絵ク興物狩撮編園ンクハプ
活画ゲび災ラビリンス行ム強
味影ンクグ害画法リズ魔物動さ
園猟編喜ダ猟狩猟法伝説文パゲ
魔喜狩ルンキパハ撮陶化キゼ
リ物活シびび雷パ画撮みジ興ル
```

原型　　　　　　　嫉妬
行動　　　　　　　戦士
生き物　　　　　　不死
作成　　　　　　　ラビリンス
文化　　　　　　　伝説
災害　　　　　　　魔法の
神々　　　　　　　モータル
ヒーロー　　　　　モンスター
強さ　　　　　　　復讐
稲妻

15 - Piante

```
フジズイグプ物エ魔草ゼ編森興
活ロ興ジ狩味ム読みゲラクルシ
びラー絵真蔦ャ花弁ラ根クキ
プ芸イラ編レキ物陶猟び動シレ
生グーグズエ苔ゲキ法り法クエ
植物学狩芸書狩釣リレ編クム猟
活ク影パ花ク品興エゼゼシ写ゲ
猟味読魔豆リイ品編猟ム芸書法
画品肥ル狩真魔読読育っグ読ハ
興ャ料猟狩ブッシュ猟竹ベリー
プエ品狩レク喜動ラジ物エリ木
みサボテン魔魔リゲ味りりイ釣
ジパ狩ダジ味芸ズ庭ラ影キーエ
ラ興ャ写ハパ味陶ャ葉写ラ真釣
```

ベリー	肥料
植物学	フローラ
サボテン	花弁
ブッシュ	植生
育つ	

16 - Spezie

```
イ ラ 活 書 ナ フ ゼ 喜 活 書 プ 書 レ
レ ラ ラ 絵 猟 ツ び ダ ー 活 猟 動 真 活
ン シ 塩 読 メ ミ ク ル 真 真 パ 影
ー ナ 釣 興 グ ネ ー キ グ リ ズ ハ 園 玉
魔 モ ア 園 法 ル 猟 絵 り 興 絵 コ キ 葱
喜 ン 影 ニ ン モ ダ カ 魔 レ シ 園 ダ
撮 ゼ レ ャ ス 書 書 り エ レ り 芸 ク
パ プ タ ー メ リ ッ ク ニ 興 ー ウ イ
パ シ リ 釣 味 ジ 苦 い ン コ ャ シ ム
物 ョ ダ カ 喜 ハ キ 甘 ニ リ 画 ャ ゼ ゼ
読 ウ ン プ キ 画 ズ リ ク ア 味 ン 魔 ャ
写 ガ 興 ズ パ 陶 グ 興 興 ン ラ フ サ 釣
味 味 芸 ル 魔 画 ル 陶 編 ダ シ 味 シ
動 ゼ 陶 園 シ 園 読 イ 物 ー バ 甘 草 プ
芸
```

ニンニク
苦い
アニス
シナモン
カルダモン
玉葱
コリアンダー
クミン
ターメリック
カレー

甘い
フェンネル
甘草
ナツメグ
パプリカ
コショウ
バニラ
サフラン
ショウガ

17 - Numeri

ジ	ン	動	書	り	猟	エ	読	ダ	陶	喜	品	味	十
プ	パ	魔	猟	喜	ジ	六	魔	ゼ	狩	エ	書	ハ	四
品	ジ	興	ダ	品	二	十	読	動	陶	一	狩	み
書	ゲ	ゲ	び	写	ハ	園	シ	十	味	一	陶	真	真
釣	ラ	り	釣	陶	芸	リ	プ	三	二	編	プル	写
絵	動	グ	撮	芸	園	影	ハ	セ	ブ	ン	ャ	物	猟
り	パ	り	セ	動	喜	画	読	ズ	猟	撮	味	書	リ
撮	影	ゼ	ブ	品	味	狩	ハ	ダ	狩	プ	キ	園	陶
興	ー	ク	ン	ム	九	ー	法	真	味	ハ	ゼ	四	狩
ズ	プ	陶	テ	狩	十	魔	グ	十	ハ	ラ	芸	陶	ゲ
活	ハ	ハ	ィ	レ	読	法	十	八	五	エ	グ	ズ	真
シ	絵	法	ー	ダ	物	読	プ	ハ	ル	エ	狩	撮	ゲ
陶	ャ	園	ン	ゼ	喜	ラ	小	数	動	芸	読	ゼ	グ
び	猟	リ	物	影	猟	活	物	シ	芸	真	ジ	ロ	六

小数　　　　　　　　　　十五
十九　　　　　　　　　　十六
セブンティーン　　　　　セブン
十八　　　　　　　　　　十三
十二　　　　　　　　　　二十
十四　　　　　　　　　　ゼロ

18 - Cioccolato

```
グ ジ ク ラ レ 猟 カ お 画 エ エ ゲ 味
狩 パ 砂 ズ シ 興 魔 ラ 気 品 キ 釣 喜 シ
物 ジ 糖 芸 ピ 物 ズ メ に 猟 ゾ ム ル グ
釣 シ 動 レ 動 シ 入 ズ チ ズ エ 魔
写 み ハ 狩 書 プ エ り み ッ 苦 ク み
猟 撮 リ 品 法 甘 い 猟 陶 画 ク い 撮 味
ジ 渇 真 ダ 質 イ リ グ ハ グ パ シ 影 ム
ン 成 望 芸 編 活 ダ 写 絵 リ ー 品 ー 釣
真 分 香 影 ゲ プ ピ リ 物 ン エ 美 酸
絵 動 り オ カ カ ー ゼ ー ク 編 絵 味 化
編 ル ー ゲ ロ ダ ナ 品 園 レ 職 ハ し 防
法 グ イ 活 リ パ ッ エ ハ 人 リ い 止
画 芸 リ り ー ゲ ツ グ 粉 陶 レ グ イ 剤
コ コ ナ ッ ツ み 絵 シ 品 活 イ 興 ズ
```

苦い	美味しい
酸化防止剤	甘い
ピーナッツ	エキゾチック
香り	成分
職人	ココナッツ
渇望	お気に入り
カカオ	品質
カロリー	レシピ
カラメル	砂糖

19 - Guida

猟	ジ	ゼ	グ	ダ	ト	園	園	喜	り	陶	ガ	興	ー
キ	興	ズ	ー	ハ	ン	レ	ジ	ブ	キ	ン	ス	速	プ
プ	釣	画	物	キ	ネ	キ	喜	レ	パ	物	ハ	度	法
猟	真	撮	レ	キ	ル	写	り	ー	園	プ	書	ダ	猟
危	険	編	編	画	注	真	オ	キ	味	品	プ	ダ	ャ
エ	ー	興	真	レ	法	意	ー	ゲ	活	興	物	ン
画	レ	影	ン	撮	ム	ル	ト	歩	道	り	画	ク	ダ
読	パ	芸	キ	ム	ー	り	バ	行	法	猟	工	燃	料
レ	釣	園	釣	ル	安	猟	イ	者	キ	ク	キ	プ	狩
法	園	ズ	リ	ラ	全	書	法	影	パ	交	車	グ	リ
園	ダ	プ	ガ	イ	性	ジ	読	イ	ジ	バ	通	事	ク
ゼ	真	パ	レ	セ	モ	ー	タ	ー	プ	ス	書	プ	故
地	図	り	ー	ン	ハ	パ	ル	読	び	警	ゲ	法	ル
喜	シ	狩	ジ	ス	ゲ	プ	猟	画	み	察	パ	ダ	グ

注意　　　　　　　　　オートバイ
バス　　　　　　　　　モーター
燃料　　　　　　　　　歩行者
ブレーキ　　　　　　　危険
ガレージ　　　　　　　警察
ガス　　　　　　　　　安全性
事故　　　　　　　　　交通
ライセンス　　　　　　トンネル
地図　　　　　　　　　速度

20 - I Media

ゲ	ジ	園	プ	写	イ	業	商	グ	画	ラ	グ
ジ	グ	レ	猟	真	リ	界	プ	釣	書	ム	ズ
ャ	魔	び	喜	編	び	ハ	パ	書	り	エ	デ
ダ	ゼ	物	み	書	動	味	芸	真	ム	ゼ	ジ
シ	興	釣	ク	狩	写	芸	影	ム	プ	ン	ム
真	芸	釣	陶	狩	画	ラ	ジ	味	テ	魔	り
真	法	物	真	ゼ	ー	絵	写	教	育	レ	通	園	タ
釣	公	シ	絵	芸	レ	リ	ズ	個	ム	ビ	通
ジ	パ	共	ゲ	書	味	シ	人	園	興	網	ン
知	り	絵	ジ	編	ゼ	編	パ	品	読	ダ	動
興	的	キ	ラ	ダ	園	法	イ	版	真	狩	イ
事	ム	影	キ	び	陶	魔	物	物	ム	釣	ャ
実	広	告	絵	ャ	ジ	法	興	見	陶	資	ン
工	新	聞	ャ	ン	狩	法	意	シ	ー	釣	金

商業 　　　　　　知的
通信 　　　　　　ローカル
デジタル 　　　　オンライン
教育 　　　　　　意見
事実 　　　　　　広告
資金調達 　　　　公共
写真 　　　　　　ラジオ
新聞 　　　　　　通信網
個人 　　　　　　テレビ
業界

21 - Forza e Gravità

ラ	ハ	物	味	絵	芸	み	陶	ハ	ユ	品	動	動	イ
編	ダ	撮	写	味	り	影	プ	ン	ニ	芸	興	猟	的
軸	距	離	撮	ラ	シ	魔	レ	キ	バ	影	イ	影	影
編	ハ	ー	シ	ゼ	釣	発	見	活	ー	レ	惑	星
ダ	動	モ	ー	シ	ョ	ン	グ	ラ	サ	狩	釣	工	園
速	度	品	品	り	編	磁	気	び	ル	書	プ	撮	写
書	物	書	物	ム	狩	魔	絵	拡	セ	ン	タ	ー	撮
写	ム	理	ム	グ	り	興	ン	張	時	間	活	物	グ
狩	味	活	学	喜	ム	イ	絵	物	ダ	興	シ	真	興
摩	プ	ロ	パ	テ	ィ	ダ	味	り	園	ン	編	シ	影
ハ	擦	レ	品	撮	リ	び	陶	書	真	カ	圧	品	味
シ	法	画	シ	写	プ	物	陶	写	読	学	イ	品	味
ク	ル	軌	道	芸	重	さ	撮	活	プ	活	味	ー	味
動	書	影	響	び	キ	狩	ジ	編	絵	興	釣	撮	興

摩擦
センター
動的
距離
拡張
物理学
影響
磁気
力学
モーション

軌道
重さ
惑星
圧力
プロパティ
発見
時間
ユニバーサル
速度

22 - Sport

```
園 び エ び ム ャ サ 釣 味 ム ゼ グ 健 康
法 品 ャ シ 釣 ジ イ ゼ 陶 影 芸 影 画 プ
園 物 書 キ 写 ョ ク ラ ゲ ム ル ル リ 園
イ 園 ダ 狩 芸 ギ リ イ コ ー チ 撮 り ス
シ 陶 ダ ジ 物 ン 芸 芸 プ ズ シ ゼ ポ
味 喜 画 イ 画 グ グ 写 び ロ シ 狩 動 ー
最 大 化 代 エ 物 物 キ 魔 グ ハ 喜 グ ッ
体 画 び 謝 読 ッ 喜 写 ジ ラ 筋 能 真 動
ア ス リ ー ト 園 ト ル シ ム ク 肉 カ ム
書 ゴ 物 プ ャ ム 園 ャ シ 写 真 骨 物 ク
活 ー 陶 ル 品 グ ジ 撮 パ り 猟 ー ラ 狩
栄 ル り 強 読 キ 絵 ゲ パ ダ ン シ ン グ
養 レ 釣 さ ャ プ ゼ 狩 ク グ 動 真 動 ゼ
ン ゲ パ ス ト レ ッ チ 写 猟 ル ズ プ 釣
```

コーチ
アスリート
能力
サイクリング
ダンシング
ダイエット
強さ
ジョギング
最大化

代謝
筋肉
栄養
ゴール
プログラム
健康
スポーツ
ストレッチ

23 - Uccelli

```
イ ン 園 ン ア 活 ン 釣 興 カ ャ ム ラ 釣
オ オ ハ シ 卵 キ ン ゼ レ ッ 活 喜 ジ
ダ ン ム 法 ル 画 ハ リ ト ノ コ 興 ラ オ
み 興 り パ ゲ シ 影 シ ャ 読 ジ ム ウ 喜
リ ペ 園 ャ 陶 魔 鷹 ー ム 狩 陶 リ ョ ダ
園 ゴ ン ミ ラ フ 鳩 ゲ 魔 撮 ウ ョ チ 活
ズ 狩 キ ギ 猟 写 画 編 白 陶 ペ 撮 ガ シ
影 み 法 キ ン り ル 書 写 鳥 リ イ ル リ
カ モ メ 芸 ク チ キ ン 孔 雀 カ サ 撮 り
ゲ ラ ズ ム 活 撮 プ ク 品 物 ン ギ 園 ー
エ 魔 ス 品 書 ハ シ ー プ ズ び 真 ハ ズ
キ 読 画 読 影 味 鷲 写 猟 ゲ エ 園 真 エ
陶 ゼ 書 喜 ム ャ 絵 ク 写 り 味 味 猟 活
パ ル 読 興 ジ 物 味 ラ ル イ 狩 ャ 画
```

サギ
アヒル
コウノトリ
白鳥
カッコウ
フラミンゴ
カモメ
ガチョウ

オウム
スズメ
孔雀
ペリカン
ペンギン
チキン
ダチョウ
オオハシ

24 - Giorni e Mesi

```
読真リエ絵ゼキ火活リ金ライャ
味ズシ釣味ズ編曜ゼび曜陶写ズ
釣び書七十一月日曜土日プ書釣
狩ズャ月グリみ書ラゼび狩み読
園絵ハ六陶真り写ハ芸喜動狩撮
動ン書ズャリン絵味レ活シリ写
ムル行日曜日五月みル真物グシ
ゲリ進エ読絵エびダルりキグパ
セプテンバーエカ月曜日味パキ
芸イ真水味猟シルレャ年週園書
びエジ曜ーズりャ猟ン品味写書
木曜日動エニ書八陶ダ読喜ダ
みライ撮品み味月月真ゼーャび
活猟プ味影ム品読活活クレ魔絵
```

八月　　　　　　　　　五月
エイプリル　　　　　　火曜日
カレンダー　　　　　　行進
日曜日　　　　　　　　水曜日
二月　　　　　　　　　十一月
木曜日　　　　　　　　土曜日
六月　　　　　　　　　セプテンバー
七月　　　　　　　　　金曜日
月曜日

25 - Casa

ガ	レ	ー	ジ	ジ	編	レ	味	芸	暖	炉	グ	狩	狩
床	ダ	ワ	書	イ	み	興	び	編	ン	撮	ラ	ン	プ
り	魔	ャ	み	フ	工	興	芸	み	法	イ	グ	園	グ
り	ジ	シ	ハ	ェ	法	シ	法	ク	み	影	プ	活	パ
画	興	芸	陶	ン	書	鏡	ジ	書	ラ	レ	ャ	ハ	編
狩	ー	キ	興	ス	猟	ゼ	ャ	読	キ	エ	書	ゲ
活	書	ッ	グ	芸	み	根	物	ゼ	魔	真	興	活
ゼ	窓	チ	ド	ア	部	屋	イ	撮	パ	ム	イ	画	ダ
品	読	ン	ダ	読	工	編	物	び	キ	プ	影	味	物
ズ	庭	陶	ゼ	ム	撮	蛇	イ	壁	動	ン	シ	書	写
ズ	猟	猟	レ	品	図	ロ	グ	み	法	味	画	プ	プ
写	ほ	う	き	屋	書	ム	ゼ	活	ゼ	エ	陶	味	ラ
ク	狩	芸	釣	根	館	撮	興	天	ジ	ゼ	絵	陶	ク
ク	味	キ	写	裏	ャ	ゼ	魔	び	井	レ	プ	活	ル

屋根裏
図書館
部屋
暖炉
キッチン
シャワー
ガレージ
ランプ

ドア
フェンス
蛇口
ほうき
天井
ラグ
屋根

26 - Fantascienza

デ	書	ア	現	惑	星	猟	真	画	イ	技	術	撮	マ
ィ	写	ト	実	り	リ	真	興	法	リ	喜	パ	ム	ネ
ス	プ	ミ	的	レ	真	ゲ	写	ュ	陶	写	キ	シ	シ
ト	ル	ッ	来	ダ	ア	ピ	ト	ー	写	動	ナ	ナ
ピ	法	ク	未	書	プ	銀	リ	ジ	書	ン	釣	リ
ア	法	ダ	ラ	素	晴	ら	し	ョ	撮	狩	び	オ
み	び	み	書	オ	イ	法	真	物	ン	プ	芸	爆	編
ロ	ボ	ッ	ト	世	ン	ン	動	ズ	み	ダ	芸	発
興	動	画	法	界	動	魔	物	真	画	物	真	書	パ
喜	書	影	書	レ	喜	魔	リ	味	芸	書	味	園	活
パ	ル	シ	真	イ	び	書	ジ	ク	影	ズ	芸	編	り
ル	書	動	ゼ	園	グ	籍	火	写	ゲ	品	グ	ラ	ク
虚	神	秘	的	な	狩	喜	ダ	ゼ	読	影	芸	絵	ジ
真	数	ル	狩	ズ	ゲ	ン	シ	び	陶	リ	撮	ャ	興

アトミック
シネマ
ディストピア
爆発
素晴らしい
未来的
銀河
イリュージョン
虚数
書籍

神秘的な
世界
オラクル
惑星
現実的
ロボット
シナリオ
技術
ユートピア

27 - Città

```
スタジアム
動物園
絵クル釣
真興猟リ
猟物シャネ
博物館
みびラマ
市場真
ギャゼ
プ大学
花猟
プリみ
キ屋興リ
```

(word search puzzle grid)

空港　　　　　　市場
銀行　　　　　　博物館
図書館　　　　　ベーカリー
シネマ　　　　　学校
診療所　　　　　スタジアム
薬局　　　　　　スーパーマーケット
花屋　　　　　　劇場
ギャラリー　　　大学
ホテル　　　　　動物園
書店

28 - Fattoria #1

絵	読	影	ゲ	猟	動	陶	ズ	真	水	シ	米	活	ク
猟	ジ	犬	芸	品	喜	読	ャ	物	真	物	プ	撮	書
狩	ー	ン	芸	活	法	画	編	シ	び	猟	ャ	ン	ャ
キ	キ	味	り	ー	味	絵	真	写	法	プ	芸	読	ラ
喜	狩	ン	ヤ	馬	喜	動	イ	活	画	キ	画	写	レ
ふ	ゲ	ロ	ギ	狩	ダ	び	写	陶	写	び	猫	群	キ
く	活	バ	編	ダ	フ	グ	影	シ	シ	真	魔	狩	活
ら	ル	撮	真	真	ィ	び	写	画	動	絵	ャ	園	ク
は	パ	ジ	撮	エ	ー	シ	ヘ	イ	豚	編	ラ	喜	品
ぎ	フ	狩	蜂	ン	ル	ラ	釣	農	シ	書	ク	喜	イ
り	ャ	ェ	魔	蜜	ド	魔	ズ	ズ	業	ズ	活	イ	プ
活	プ	動	ン	キ	チ	撮	法	編	ハ	レ	写	キ	活
肥	品	真	牛	ス	興	ン	イ	絵	喜	猟	活	ル	絵
料	シ	興	喜	ゲ	園	種	子	品	影	書	レ	編	ン

農業　　　　　　　　群れ
ロバ　　　　　　　　蜂蜜
フィールド　　　　　チキン
ヤギ　　　　　　　　フェンス
肥料　　　　　　　　種子
ヘイ　　　　　　　　ふくらはぎ

29 - Psicologia

```
対 魔 イ 芸 法 読 陶 ジ ア 味 猟 ク 思 影
立 陶 ジ 芸 ク 影 物 ジ イ 喜 ズ み 考 響
興 法 物 動 書 画 シ 法 デ 認 ム ズ リ
陶 園 レ 魔 子 影 現 実 ア 知 行 ー 陶 り
シ エ イ ジ 供 ゲ パ 経 リ ジ 動 絵 絵 喜
ジ ム 夢 園 の ン 感 ク 験 ル プ 真 ダ 読
ラ 芸 ジ 治 頃 陶 覚 ダ 興 喜 園 芸 び グ
無 意 識 療 問 題 自 法 感 み ゲ ゲ シ ラ
真 ン 撮 法 ゼ 画 我 ャ 情 レ 撮 釣 魔
影 法 ジ リ イ 活 パ 興 プ 知 ム 芸 ダ
思 い 出 編 ル 編 ク パ キ 喜 覚 撮 書 ハ
法 猟 グ ラ 興 み ル 法 真 味 影 園 芸 法
写 陶 評 価 動 臨 床 り ハ 興 ジ 撮 ジ イ
興 び 物 り 影 画 興 ル ズ グ ク 猟 芸 ー
```

臨床
認知
行動
対立
自我
感情
経験
アイデア
無意識
子供の頃

影響
思考
知覚
問題
現実
思い出
感覚
治療
評価

30 - Paesaggi

ダ	ダ	パ	法	氷	山	間	欠	泉	ツ	ル	ー	ン
リ	書	ク	ン	ジ	火	ク	ダ	猟	ン	パ	川	影	ラ
ジ	グ	ル	ゼ	物	狩	画	ム	リ	ド	興	プ	リ	ク
ク	品	物	書	キ	リ	イ	り	ラ	写	魔	園	ー
喜	レ	レ	編	海	ズ	プ	ゲ	イ	ル	キ	ム	ダ	釣
ダ	エ	編	イ	洋	山	洞	窟	魔	パ	氷	河	ゼ	活
陶	イ	イ	り	イ	読	ー	法	ゲ	物	シ	ジ	ダ	法
プ	影	ハ	法	ゼ	ジ	み	ン	島	陶	ダ	画	影	写
シ	喜	読	オ	ア	シ	ス	半	島	ャ	び	ハ	ー	滝
絵	芸	エ	ダ	狩	ダ	ク	影	物	興	プ	ジ	キ	レ
ャ	撮	活	ゼ	パ	ハ	湖	沼	猟	動	釣	丘	ダ	魔
法	エ	プ	ズ	イ	興	イ	ダ	読	ゼ	ラ	ジ	エ	品
喜	ビ	ー	チ	魔	喜	み	法	砂	ン	ャ	真	陶	工
キ	ル	ン	ゼ	活	ル	魔	読	漠	ラ	ジ	び	谷	動

砂漠
間欠泉
氷河
洞窟
氷山
オアシス

海洋
半島
ビーチ
ツンドラ
火山

31 - Energia

環境
電池
ガソリン
炭素
燃料
ディーゼル
電気
電子
エントロピー

光子
水素
業界
汚染
モーター
再生可能
タービン
蒸気

32 - Ristorante #2

```
釣 ゲ み 釣 魔 ジ り 写 プ 猟 狩 猟 ャ ム
魔 シ サ ラ ダ 法 プ 絵 絵 陶 真 ズ み み
魔 撮 リ ラ 画 味 書 り 喜 ム リ プ 魔 エ
美 写 活 陶 一 味 物 パ シ ダ パ 編 プ ウ
園 味 ク グ シ み 興 塩 活 真 ゼ ル 園 ェ
ン 影 し 狩 ク み エ り 活 フ 写 プ 活 イ
ー リ ラ い 絵 ゼ ハ ー ゼ 真 ォ ツ ハ タ
プ ー ス み プ 狩 レ 陶 タ リ キ ー ケ ー
ス パ イ ス 前 動 み び 食 狩 プ ル ク 書
品 ズ 法 園 菜 野 書 み 活 絵 リ フ 品 プ
ハ ン 狩 動 水 レ グ 芸 陶 活 飲 ラ 品 チ
活 レ ー グ 氷 ー ル パ ジ 陶 料 影 卵 品
グ 活 プ 撮 プ 動 魔 味 び ク ャ 興 一 活
動 興 画 魚 読 狩 椅 子 り 絵 ゲ プ 読 ジ
```

前菜　　　　　　　サラダ
飲料　　　　　　　スープ
ウェイター　　　　ランチ
夕食　　　　　　　椅子
スプーン　　　　　スパイス
美味しい　　　　　ケーキ
フォーク　　　　　野菜
フルーツ

33 - Moda

```
猟生ム動品測物魔ス物猟編猟パ
テリ地ジ狩定イ真タ喜ズレ物タ
クズイー撮みパ陶イプ魔ーブー
スダ狩法法ル猟り ル活法スみン
チ動釣法ゲ品レ書猟モエレガント
ャル ブキ品芸ラン法ダ活画タス
ズ写テび芸高価な品キン猟ボリ
活猟ィシ洗練さび り真ゼ陶写陶マ
ゲ編ッ物練ャプト陶工法園グキニ
パラク釣れ実ム レ活魔品ジ刺ミク
レ品猟味た用レ釣ン快適ル繍猟
オリジナル的味ンエ芸ルャ法エ
パ影陶狩レ写みエ衣類び喜ハグ
味ラ写び絵み園み味絵パリり
```

衣類　　　　　　　レース
ブティック　　　　実用的
高価な　　　　　　ボタン
快適　　　　　　　刺繍
エレガント　　　　洗練された
ミニマリスト　　　スタイル
測定　　　　　　　トレンド
パターン　　　　　生地
モダン　　　　　　テクスチャ
オリジナル

34 - L'Azienda

```
動 ト ン ハ 法 ク 魔 収 芸 単 決 ン 魔 ル
パ ク レ 猟 猟 リ グ 益 真 位 狩 定 ゲ 陶
リ び 芸 ン 味 エ ゃ ハ び グ 品 喜 ャ
味 ス 投 資 ド イ パ 活 ゲ み 法 ラ 芸
び エ ク み 写 テ 陶 画 パ ー 賃 金 味
狩 ダ 興 書 園 ィ 猟 イ 読 バ 物 シ 活
ゼ パ 狩 園 活 ブ 品 質 プ 動 ル 進 真 ク
陶 び り 物 法 芸 レ 評 動 パ 捗 業 界
リ ソ ー ス 革 新 的 判 ク 編 書 園 ク り
エ 陶 園 画 芸 イ ン 真 雇 用 芸 パ ー プ
ゲ 陶 プ 物 び パ 編 り ハ エ ー 撮 り
パ 真 ル 真 製 品 グ 興 ン 狩 猟 ャ ズ ゼ
プ レ ゼ ン テ ー シ ョ ン 可 能 性 絵 動
び 真 真 レ イ パ び 興 喜 読 釣 工 写 園
```

クリエイティブ　　　　　　　　プロ
決定　　　　　　　　　　　　進捗
グローバル　　　　　　　　　品質
業界　　　　　　　　　　　　収益
革新的　　　　　　　　　　　評判
投資　　　　　　　　　　　　リスク
雇用　　　　　　　　　　　　リソース
可能性　　　　　　　　　　　賃金
プレゼンテーション　　　　　トレンド
製品　　　　　　　　　　　　単位

35 - Giardino

ハンモック
ブッシュ
雑草
オーチャード
ガレージ
シャベル
ベンチ

ポーチ
芝生
熊手
フェンス
テラス
トランポリン
ホース

36 - Frutta

```
ラ ア ッ プ ル 法 ゼ 狩 芸 狩 ン ゼ ー ゼ
パ ズ 写 味 ズ ー キ ゲ ズ 喜 ダ パ ジ 味
活 パ ベ グ グ 園 真 キ ン 写 ゼ レ ン 法
興 り 真 ャ 喜 び ン み レ パ リ り 影
ゼ プ 喜 グ ー リ ベ ク ッ ラ ブ メ 工 ャ
バ ナ ナ 梨 み リ 陶 パ ゼ 魔 読 ロ 工 真
釣 釣 書 プ 写 リ ベ パ イ 影 画 レ 梅 活
陶 写 狩 活 編 ラ ア ナ チ イ ア ボ カ ド
オ レ ン ジ 活 ー プ ッ ェ ク ジ 撮 リ り
猟 パ リ モ 味 み リ プ リ パ パ イ ヤ 味
興 画 タ ズ レ 桃 コ ル ー 書 ャ ウ み び
法 猟 ク プ 活 み ッ ャ ハ ン 絵 キ 物 真
キ 動 ネ 品 物 葡 ト ジ み ダ マ ン ゴ ー
プ み ム ジ 絵 萄 読 イ ダ エ ン ー り び
```

アプリコット　　　　　レモン
パイナップル　　　　　マンゴー
オレンジ　　　　　　　アップル
アボカド　　　　　　　メロン
ベリー　　　　　　　　ブラックベリー
バナナ　　　　　　　　ネクタリン
チェリー　　　　　　　パパイヤ
キウイ　　　　　　　　葡萄
ラズベリー

37 - Fattoria #2

```
納陶園ミルクアヒルトジ子動一
屋興ク—リプ興ゼ釣ラ灌グ羊物
シラ興クルエ陶猟ハク漑味キベ
—マエンりジ物読パタイ物撮食
グ撮編ズレク真動ゼ—ダ絵法撮
ムジ興り撮ハ猟影魔ゲ釣芸ハ絵
真撮ダ絵物写編ゼ真猟動ジ小芸
撮園編パ絵編—ラゼガャジ麦ャ
動ンク農オオムギ魔チ蜂狩シ画
品ゲゼ釣家喜物ンラョの シ園読
動釣陶グ真ハ羊飼いウ巣プ味ジ
法キ真撮画魔レみ魔物ムコりダ
—イズ撮ン真牧草地釣レ—レプ
物フル—ツオ—チャ—ドンンキ
```

子羊
農家
蜂の巣
アヒル
動物
食べ物
納屋
フルーツ
オーチャード
小麦

灌漑
ラマ
ミルク
コーン
ガチョウ
オオムギ
羊飼い
牧草地
トラクター

38 - Verdure

```
ジ 編 品 エ ク 魔 釣 書 シ 茄 動 サ イ 品
編 魔 み シ セ ロ リ セ パ ョ 子 ラ 玉 動
工 影 活 ャ ゼ イ レ 影 真 ゲ ウ ダ 葱 か
動 カ ブ ロ じ が い も ク 読 ガ ズ ぼ
活 シ 書 ッ ゃ ロ コ リ ー ト 影 興 ち
興 ゲ プ ト ブ ッ ズ ノ ウ ョ 陶 マ 動 ゃ
プ 猟 ゼ 芸 ン 写 興 キ チ レ 影 ト 狩
活 レ 魔 り 陶 活 ュ キ ダ 芸 ャ 喜
グ 絵 陶 ニ ジ グ り ィ リ 興 書 読
エ ン 法 ン 写 動 狩 テ エ 活 ハ
グ グ 喜 ド ク ゲ プ 喜 ー レ に 活 ん
ほ う れ 読 エ ル エ 真 ア ン じ び
ズ 味 イ 草 ズ シ 味 写 キ こ ゼ 興
興 り 動 ゼ 品 陶 パ ク プ 写 法 い ズ レ
    動 陶 絵 編 活 ル グ 興 ズ だ ズ
```

- ニンニク
- ブロッコリー
- アーティチョーク
- にんじん
- キュウリ
- 玉葱
- キノコ
- サラダ
- 茄子
- じゃがいも
- エンドウ
- トマト
- パセリ
- カブ
- だいこん
- エシャロット
- セロリ
- ほうれん草
- ショウガ
- かぼちゃ

39 - Musica

```
メ ロ ディ ー ハ ズ グ 編 プ 音 写 エ イ
コ ー ラ ス 喜 キ ー 物 ダ 書 楽 イ り 陶
園 書 ク バ ラ ー ド モ び 工 家 オ ペ ラ
書 調 園 読 ジ 歌 う 興 ニ 猟 ル ミ 画 ャ
プ 和 ル ズ ゲ 喜 釣 ボ クッ レ ュ み 真
撮 撮 キ 園 パ 真 絵 ー 撮 釣 ク ー 猟 法
ゲ 写 法 陶 ゲ 猟 楽 カ ム 書 ッ ジ 法 グ
ア ル バ ム り 撮 器 ル 写 テ シ カ リ 写
園 レ 魔 動 ズ エ び 園 グ ン ラ ル キ イ
ル 歌 手 活 ャ リ 読 び 真 ポ ク ジ シ イ
詩 的 情 叙 喜 エ 品 エ 猟 び ジ 絵 読 興
狩 活 ー 猟 プ ム ン 録 プ グ 釣 ズ ラ 猟
ジ 写 猟 猟 り 動 パ 編 音 写 味 り 芸 み
マ イ ク エ ハ エ ダ 物 芸 興 影 ジ イ み
```

アルバム
調和
ハーモニック
バラード
歌手
歌う
クラシック
コーラス
叙情的
メロディー

マイク
ミュージカル
音楽家
オペラ
詩的
録音
リズム
楽器
テンポ
ボーカル

40 - Barbecue

物	フ	法	ゲ	び	ズ	真	読	活	興	ゲ	ク	猟	ジ
読	フ	グ	撮	リ	グ	書	び	魔	ゲ	ー	ソ	ー	ス
ゼ	ル	リ	招	待	狩	プ	絵	撮	魔	ム	活	画	釣
陶	ツ	キ	グ	ナ	イ	フ	食	べ	物	ャ	動	法	ジ
コ	ショ	ウ	撮	ホ	狩	撮	動	撮	書	画	ズ	パ
物	ジ	ル	ゼ	キ	ゲ	ッ	絵	動	興	プ	物	品	品
芸	プ	プ	読	ゲ	ダ	パ	ト	玉	ね	ぎ	ハ	み	ル
ジ	陶	エ	び	エ	影	読	イ	り	ジ	り	プ	芸	影
動	魔	ク	興	活	レ	タ	書	飢	ン	ハ	み	り	魔
ト	マ	ト	リ	ズ	レ	興	食	餓	活	イ	動	真	音
グ	ズ	ル	味	興	グ	ジ	写	グ	チ	ン	ラ	サ	楽
ジ	家	族	読	キ	ク	ム	ル	画	キ	グ	ム	ラ	園
ク	ラ	編	撮	法	編	み	ズ	塩	ン	動	パ	ダ	パ
ジ	読	ャ	イ	味	エ	影	猟	ゼ	影	夏	ク	ダ	パ

ホット
夕食
食べ物
玉ねぎ
ナイフ
飢餓
家族
フルーツ
ゲーム

グリル
サラダ
招待
音楽
コショウ
チキン
トマト
ランチ
ソース

41 - Insetti

真	ク	真	ム	シ	画	編	パ	り	活	撮	ー	プ	カ
リ	釣	ジ	エ	ロ	ノ	ミ	蛾	動	画	動	ハ	物	マ
釣	ア	写	絵	ア	ゼ	味	釣	み	芸	興	読	陶	キ
蚊	蜂	ブ	プ	リ	バ	ッ	タ	ス	ズ	メ	バ	チ	リ
法	パ	ゼ	ラ	び	ゲ	書	グ	味	み	エ	魔	ル	ブ
写	ル	り	び	ム	ラ	編	絵	喜	ズ	ル	猟	グ	キ
キ	園	エ	ワ	シ	シ	釣	陶	み	ズ	品	活	り	ゴ
狩	ジ	園	写	ー	喜	喜	読	活	ン	て	び	釣
魔	ゼ	撮	ダ	ク	ム	シ	ー	グ	影	幼	ん	園	真
撮	ラ	真	動	シ	イ	法	ト	ン	ボ	虫	と	影	画
写	レ	ル	品	物	パ	ル	活	ラ	ル	甲	う	蝶	ム
エ	グ	ン	蝉	イ	ナ	ゴ	蟻	物	グ	編	虫	リ	レ
魔	ズ	撮	編	キ	読	法	撮	キ	影	絵	ジ	猟	ー
陶	レ	動	プ	み	法	陶	園	ー	ゲ	書	動	物	興

アブラムシ
バッタ
てんとう虫
甲虫
幼虫
トンボ
イナゴ

カマキリ
ノミ
ゴキブリ
シロアリ
ワーム
スズメバチ

42 - Fisica

ャ	ゼ	ゲ	式	プ	書	グ	ガ	狩	ズ	興	シ	化	ャ
ユ	ニ	バ	ー	サ	ル	磁	ス	分	ン	編	喜	学	カ
ル	園	品	画	ダ	撮	芸	気	子	電	釣	リ	薬	重
釣	イ	ゼ	ム	エ	パ	陶	味	真	真	加	ハ	品	リ
ン	ダ	園	狩	ム	園	絵	読	ラ	読	エ	速	ゼ	グ
核	興	ル	ク	編	び	エ	ン	撮	ン	園	撮	相	び
キ	キ	画	リ	読	グ	活	ー	撮	ー	園	陶	対	ズ
喜	エ	び	グ	周	ズ	ム	味	園	ゼ	園	グ	性	ゼ
プ	画	ク	芸	ク	波	リ	プ	法	陶	動	エ	理	画
味	興	陶	法	み	ダ	数	物	喜	ル	ハ	粒	論	写
写	エ	グ	ラ	原	シ	シ	イ	ャ	絵	狩	子	ラ	喜
レ	キ	拡	エ	子	影	ハ	混	沌	釣	興	写	撮	ゼ
陶	撮	張	園	シ	ズ	ズ	喜	パ	猟	プ	写	ゼ	釣
ゼ	密	度	速	真	ク	ル	イ	真	ク	味	グ	物	画

加速
原子
混沌
化学薬品
密度
電子
拡張
周波数
ガス

重力
磁気
力学
分子
エンジン
粒子
相対性理論
ユニバーサル
速度

43 - Erboristeria

```
一画絵動パクみフズバパ成り品
シグズ味セルパェシジル分狩パ
ゼシキ動リクニンニルサフラン
ローズマリー品ネ画ル料芳香族
マダイプ活エ真ル味活理品興真
ーン品書陶影ジー撮び品リャ
ジベ活味ン絵ゲ味プ法法パ釣画
ョライ真釣動編影パゲ園プキラ
ラゲャ園読りハ園味リムン編ャ
ムキ品ミント緑編ンズン花園魔
狩デー読ャ写プ品タキム魔画書
猟芸ィムシプダ庭質ラーシ狩影
影キ魔ルオレガノ撮クゴ猟物ゲ
ダタイムみ活絵ゲル撮味ンパジ
```

- ニンニク
- ディル
- 芳香族
- バジル
- 料理
- タラゴン
- フェンネル
- 成分
- ラベンダー
- マージョラム
- ミント
- オレガノ
- パセリ
- 品質
- ローズマリー
- タイム
- サフラン

44 - Attività Commerciale

通	狩	ジ	シ	取	引	割	読	シ	画	ゼ	画	書	編
貨	工	法	動	ジ	撮	動	真	編	影	リ	ズ	読	ャ
従	業	員	パ	魔	編	イ	物	釣	真	味	品	ー
ゲ	魔	真	り	ー	影	商	品	ル	物	プ	陶	店	味
プ	ャ	動	味	パ	投	資	写	ハ	費	ジ	狩	真	物
編	ハ	グ	撮	エ	販	売	物	者	用	雇	プ	魔	喜
絵	猟	画	り	陶	ゲ	イ	エ	ゼ	予	キ	り	喜	ラ
ゲ	利	益	味	狩	興	書	真	レ	ー	算	読	撮	魔
撮	ン	ゲ	動	ジ	金	ジ	ゲ	狩	興	ー	パ	絵	園
真	園	編	り	融	お	金	魔	園	狩	読	撮	レ	ン
影	ゲ	画	法	シ	キ	猟	喜	歴	真	キ	オ	物	キ
活	園	レ	会	ハ	撮	ズ	り	経	ジ	味	フ	ズ	キ
撮	み	所	ダ	社	エ	場	り	済	釣	ィ	ム	品
ク	味	得	ダ	釣	り	書	絵	キ	狩	学	ス	読	キ

予算　　　　　　　　　利益
経歴　　　　　　　　　所得
経費用　　　　　　　　割引
雇用者　　　　　　　　会社
従業員　　　　　　　　お金
経済学　　　　　　　　取引
工場　　　　　　　　　オフィス
金融　　　　　　　　　通貨
投資　　　　　　　　　販売
商品

45 - Fiori

```
ク ッ ラ イ ラ 百 合 び エ 喜 ひ 花 束 絵
ロ グ 興 ジ ャ ス ミ ン 猟 写 ま 陶 喜 魔
ー み 牡 エ レ ク ゲ 書 味 レ わ 撮 ト 品
バ 絵 物 丹 動 ダ ク 書 味 真 り 花 ケ ゼ
ー ピ 喜 ル 影 狩 レ ム リ シ 弁 イ 釣 興
ゲ グ り ハ イ ダ ン 芸 編 イ 絵 興 ソ 興
動 興 影 陶 魔 影 ハ イ ビ ス カ ス ウ 猟
り 物 ラ 蘭 ク 芸 活 ポ 影 影 真 ゼ 魔 ハ
プ 絵 ダ グ ク 興 書 ポ グ 陶 び プ パ ハ
ッ ル ン キ チ ラ ベ ン ダ ー ジ イ デ 編
リ ゲ メ パ ナ り 絵 タ 猟 真 エ 喜 ゼ 影
ー り ゲ リ シ グ イ 猟 ー イ み び 釣 び
ュ グ 影 活 ア リ ノ グ マ ル 読 味 ク ー
チ 興 芸 ル 書 魔 画 ラ 猟 ャ み 読 ダ ル
```

タンポポ
クチナシ
ジャスミン
百合
ひまわり
ハイビスカス
ラベンダー
ライラック
マグノリア

デイジー
花束
ポピー
トケイソウ
牡丹
花弁
プルメリア
クローバー
チューリップ

46 - Filantropia

歴	ゼ	画	シ	ル	グ	影	プ	品	絵	真	影	ゼ	類
史	リ	イ	パ	芸	パ	ク	狩	ル	び	リ	影	人
目	り	連	公	共	ズ	味	コ	猟	び	魔	ゼ	動	寛
標	ズ	園	絡	品	写	園	ミ	ダ	寄	活	動	狩	大
真	ル	ダ	狩	先	ゼ	猟	ュ	味	付	ゼ	書	レ	さ
資	釣	グ	子	正	書	み	ニ	ク	工	影	猟	物	イ
釣	金	ロ	供	直	絵	園	テ	動	撮	撮	芸	み	ダ
陶	影	ー	達	ジ	び	ラ	ィ	ゼ	陶	ラ	真	ゲ	り
ハ	ゼ	バ	猟	書	動	写	プ	り	ハ	課	題	動	リ
書	法	ル	ジ	撮	喜	ム	パ	猟	画	ズ	書	釣	ズ
陶	ゼ	猟	ク	物	パ	シ	キ	陶	グ	動	釣	品	猟
金	使	プ	ロ	グ	ラ	ム	ゼ	動	魔	グ	ル	ー	プ
融	ズ	命	芸	品	品	ズ	ラ	ダ	品	ダ	喜	プ	グ
法	猟	興	真	ジ	影	キ	グ	必	要	芸	撮	物	喜

子供達　　　　　　　グループ
必要　　　　　　　　使命
コミュニティ　　　　目標
連絡先　　　　　　　正直
寄付　　　　　　　　プログラム
金融　　　　　　　　公共
資金　　　　　　　　課題
寛大さ　　　　　　　歴史
グローバル　　　　　人類

47 - Ecologia

動	ハ	動	み	ゼ	画	絵	ン	狩	シ	び	シ	エ	り
キ	キ	読	マ	影	活	キ	編	ク	活	リ	ク	ハ	影
グ	物	ク	リ	絵	魔	ズ	陶	陶	シ	シ	狩	園	芸
ア	ィ	テ	ン	ラ	ボ	写	み	書	り	法	エ	ー	園
写	ム	園	猟	ー	パ	魔	キ	園	ン	レ	ジ	リ	イ
み	興	レ	エ	ハ	芸	山	ル	び	び	多	様	性
持	続	可	能	狩	ハ	ス	バ	自	然	気	ム	ク
ャ	真	り	喜	キ	ハ	み	マ	ー	シ	候	品	ジ
品	り	活	味	ィ	ン	ル	陶	ロ	ソ	ズ	影	シ	り
活	狩	ル	写	テ	興	地	喜	グ	リ	リ	ダ	読	み
フ	ロ	ー	ラ	ニ	リ	息	動	ャ	興	興	絵	ゼ	早
法	び	喜	物	ュ	編	生	存	物	ル	ー	ル	園	魃
読	園	物	ャ	ミ	チ	植	ラ	植	相	絵	レ	魔	法
キ	ラ	魔	種	コ	動	ナ	パ	活	影	エ	絵	法	絵

気候
コミュニティ
多様性
動物相
フローラ
グローバル
生息地
マリン
自然

ナチュラル
マーシュ
植物
リソース
早魃
生存
持続可能
植生
ボランティア

48 - Discipline Scientifiche

編	芸	び	撮	リ	読	考	釣	ャ	エ	活	気	キ	真
魔	み	ー	プ	植	真	古	り	ン	ゲ	興	象	編	喜
写	ジ	活	喜	味	物	学	質	地	エ	ゲ	学	文	天
画	イ	ル	心	ハ	撮	学	会	社	プ	味	ゼ	味
陶	ズ	リ	理	読	法	剖	物	魔	レ	活	神	経	学	疫
陶	真	真	学	真	活	解	魔	生	ル	ゼ	経	ム	ン	疫
芸	リ	プ	化	喜	書	ズ	ゲ	法	ズ	ダ	び	工	免
ゼ	シ	ゲ	生	鉱	物	学	ジ	品	魔	ジ	生	理	書
ャ	ク	イ	影	ム	狩	熱	レ	ク	ハ	シ	み	撮	喜
活	ム	ャ	ハ	言	語	学	カ	ム	ラ	ン	物	活	影
園	ダ	ク	真	味	イ	ハ	狩	学	シ	ハ	猟	動	エ
味	ー	イ	カ	猟	釣	生	態	学	ム	シ	ジ	画	キ
園	ゼ	読	学	シ	ダ	ズ	画	編	ー	キ	品	キ	物
園	動	物	学	真	ン	み	ぜ	び	り	ム	ー	化	学

解剖学
考古学
天文学
生化学
生物学
植物学
化学
生態学
生理
地質学

免疫学
言語学
力学
気象学
鉱物学
神経学
心理学
社会学
熱力学
動物学

49 - Scienza

```
法 レ イ リ パ 粒 猟 ジ 影 ラ 動 ダ 写 画
エ 品 釣 ダ り 子 原 ラ 活 び 釣 エ プ ク
グ 書 レ 絵 み ル 写 ル 物 エ 観 ジ 方 リ
重 力 芸 真 ズ ゲ 興 石 進 猟 察 読 法 み
味 イ ハ ー 釣 エ 興 デ 化 研 撮 物 影 園
イ ゲ ー 物 物 活 プ ー ハ エ 究 味 ズ プ
ミ ネ ラ ル 気 候 活 タ レ ー キ 室 レ ン
画 ゲ び 釣 物 興 ズ 生 物 科 学 者 編 シ
ハ ム 園 ラ ゲ び 品 実 験 魔 パ 芸 り
り 園 ャ 真 キ 法 り 園 事 撮 リ プ 書 法
ル 狩 物 陶 影 ル 写 キ 喜 写 キ 喜 物 物
み ゲ ダ ハ 真 シ イ び 園 ラ 撮 物 理 味
分 子 パ 化 学 薬 品 物 自 陶 味 猟 学 シ
興 り 狩 園 仮 説 シ キ ル 然 ラ 狩 グ 編
```

原子
化学薬品
気候
データ
実験
進化
事実
物理学
化石
重力

仮説
研究室
方法
ミネラル
分子
自然
生物
観察
粒子
科学者

50 - Acqua

び	プ	ゼ	影	グ	ル	陶	園	グ	ジ	ゲ	味	写	川
パ	イ	イ	興	ジ	影	り	ゲ	喜	釣	ハ	グ	み	雪
ャ	狩	絵	キ	シ	園	飲	め	る	読	書	ズ	み	キ
ャ	写	ゲ	波	び	湿	度	物	ム	法	雨	法	び	味
プ	リ	ム	ン	読	ジ	洪	水	猟	品	リ	活	海	洋
シ	ャ	ワ	ー	パ	レ	味	写	湖	喜	写	真	品	園
ラ	魔	霜	ス	蒸	喜	ク	読	ム	イ	読	間	欠	泉
狩	味	撮	ン	気	イ	法	影	猟	動	ク	味	り	エ
魔	り	写	モ	ゼ	パ	真	猟	物	ゼ	編	ン	ズ	芸
釣	写	品	真	陶	キ	活	興	写	活	画	ハ	エ	ジ
品	パ	運	キ	画	パ	ダ	イ	動	灌	撮	リ	動	リ
喜	陶	河	芸	読	氷	湿	っ	た	漑	ズ	ケ	書	書
ハ	読	釣	ム	ャ	グ	り	パ	狩	蒸	発	ー	り	画
書	書	活	び	シ	編	法	味	ゲ	写	読	ン	狩	陶

洪水　　　　　　　　海洋
運河　　　　　　　　飲める
シャワー　　　　　　湿度
蒸発　　　　　　　　湿った
間欠泉　　　　　　　ハリケーン
灌漑　　　　　　　　蒸気
モンスーン

51 - Imbarcazioni

マスト
アンカー
ブイ
カヌー
ロープ
ドック
クルー
カヤック

セーラー
エンジン
ノーティカル
海洋
フェリー
ヨット
いかだ

52 - Chimica

```
シ 魔 一 炭 ア ル カ リ 性 塩 エ 書 塩 ゼ
リ ゼ 電 素 ン 物 狩 ジ ン レ 温 素 プ イ
パ プ 子 酵 キ 魔 ム 真 喜 ャ 書 度 ハ 影 園
シ 品 分 ー 素 喜 陶 リ ャ オ イ ラ 影 園 キ
重 さ 釣 ガ リ 味 ラ 有 水 ン 釣 液 体 猟
ズ 法 イ グ ス ー 味 機 シ 素 法 キ 喜 編
喜 味 ズ イ 影 興 影 プ 絵 イ 触 味 画
絵 法 ア ト ミ ッ ク り 撮 物 エ 媒 物 法
ン 絵 リ グ ゼ エ 読 写 ン 芸 ン 陶 ジ 写
狩 リ ラ 味 猟 真 パ 魔 撮 イ 芸 読 レ 読
品 味 ン 読 熱 ダ 影 画 パ 書 エ 喜 ゲ ズ
ハ 核 物 芸 ー 園 書 動 ダ 園 喜 キ 真 書
ズ 興 リ 味 プ レ 品 味 レ 酸 ャ ダ 喜
ズ ラ ジ 活 喜 真 陶 ズ 狩 キ 素 ジ ン
```

アルカリ性
アトミック
炭素
触媒
塩素
電子
酵素
ガス

水素
イオン
液体
分子
有機
酸素
重さ
温度

53 - Api

庭	芸	動	撮	イ	狩	ク	猟	生	リ	動	読	絵	蜂
芸	生	息	地	ャ	女	王	陶	ジ	態	イ	ン	び	蜜
ジ	芸	パ	エ	プ	び	狩	園	ク	書	系	昆	み	ダ
園	興	プ	陶	エ	ム	魔	り	狩	写	キ	虫	ダ	影
ン	ー	ズ	煙	猟	キ	狩	物	味	影	ハ	影	影	ク
書	リ	ゼ	キ	ゼ	物	園	パ	味	エ	動	ラ	ラ	シ
喜	び	ム	書	ン	魔	イ	活	興	レ	巣	リ	リ	興
ゼ	写	魔	ン	ム	ダ	猟	写	ゲ	箱	園	真	味
パ	ラ	ジ	芸	び	味	ン	品	影	写	ワ	ハ	味	絵
有	陶	物	読	猟	ハ	陶	ャ	ン	ハ	ッ	花	プ	読
益	多	ン	画	レ	真	喜	ン	興	ゼ	ク	粉	エ	ジ
喜	猟	様	イ	ー	影	イ	パ	釣	ダ	ス	花	群	ゼ
太	陽	シ	性	ジ	写	植	フ	ル	ー	ツ	シ	絵	れ
翼	物	シ	書	シ	法	物	イ	イ	ズ	食	べ	物	写

巣箱	昆虫
有益	蜂蜜
ワックス	植物
食べ物	花粉
多様性	女王
生態系	群れ
フルーツ	太陽
生息地	

54 - Strumenti Musicali

```
ピ ア ノ ジ 興 み シ ゲ ゼ キ 品 品 真 味
ト ッ ネ リ ラ ク 興 芸 絵 味 ラ プ 狩 狩
ッ ラ 写 撮 バ り び イ リ 動 芸 プ 興 ダ
ゴ パ ン 興 ス イ り ン ク 撮 マ リ ン バ
ァ 興 ル ペ ク 活 オ ム 興 陶 リ び 物 プ
フ シ 芸 絵 ッ 法 法 リ マ ン ド リ ン カ
ド ラ ム 活 サ ト ハ ン ン リ 写 り 画 ニ
パ 陶 ゲ 釣 ズ リ 真 ク 書 バ 活 品 ャ モ
ー フ ル ー ト 画 影 興 シ ン ン ギ タ ー
カ ャ シ 魔 ゴ ン グ ム ゼ タ ズ び び ハ
ッ ゼ ハ バ ン ジ ョ ー 猟 パ レ び ン 品
シ エ ボ ー オ ハ 画 キ 物 真 チ ェ ロ
ョ 編 み イ プ ト ロ ン ボ ー ン ラ 書 み
ン リ エ 猟 読 エ イ 書 ゲ ル ン リ 画 釣
```

ハーモニカ
ハープ
バンジョー
ギター
クラリネット
ファゴット
フルート
ゴング
マンドリン
マリンバ

オーボエ
パーカッション
ピアノ
サックス
タンバリン
ドラム
トランペット
トロンボーン
バイオリン
チェロ

55 - Professioni #2

活	陶	み	写	芸	品	ャ	ジ	写	真	家	動	喜	エ
び	ゼ	猟	ジ	動	陶	活	ャ	イ	ゼ	イ	興	ン
読	り	猟	猟	真	絵	レ	ー	キ	ル	ラ	芸	ハ	ジ
書	ラ	プ	ル	ク	パ	ハ	ナ	り	興	写	撮	グ	ニ
宇	宙	飛	行	士	医	言	リ	プ	司	イ	ャ	興	ア
発	読	レ	影	り	師	語	ス	者	書	イ	ラ	外	医
パ	明	シ	読	プ	パ	学	ト	学	ャ	ラ	グ	科	編
興	ク	者	リ	ズ	調	者	学	物	ス	ズ	狩	写
ャ	動	陶	猟	エ	動	査	プ	動	活	ト	エ	キ	ダ
ー	法	パ	写	興	プ	員	絵	ゲ	ー	レ	歯	物	動
パ	釣	イ	画	家	喜	真	園	ル	び	タ	編	医	影
読	イ	ロ	キ	園	ハ	ズ	庭	師	狩	ー	り	陶	者
び	プ	ッ	ル	リ	釣	ル	書	喜	ー	影	興	パ	品
先	生	ト	編	読	絵	グ	撮	ム	研	究	者	学	哲

宇宙飛行士 エンジニア
司書 先生
生物学者 発明者
外科医 調査員
歯医者 言語学者
哲学者 医師
写真家 パイロット
庭師 画家
ジャーナリスト 研究者
イラストレーター 動物学者

56 - Letteratura

```
ーズ動グハキ読園ゼ分スタイル
伝ダダ動撮話真ラズ析韻物味
記エレ画写撮ジク物絵物猟ジエ
ル編狩ー著写狩レ書シ影画ム釣
画喜狩ーリ画者陶活結芸ジ書レ法
プ狩釣ズ園対話ー論リ園キム編
ゲ園シイゼジリパ活ム猟リ悲品
ジ撮ルゲジ活グジルテ猟マ劇写
類推ジリズゼりャ狩撮クシ
ゲグ法みズ猟写活物画ンジ喩物
り法編ン説的シ法猟ジ比影
キン書狩明見魔イ画編ャ較
園グ園シジリクダ魔レル狩レ
編りハク興ダパシ小説ク陶品エ
```

分析   ジャンル
類推   比喩
逸話   意見
著者   詩的
伝記   リズム
結論   小説
比較   スタイル
説明   テーマ
対話   悲劇

57 - Cibo #2

狩	ム	レ	ア	喜	園	バ	ナ	ナ	釣	レ	書	ル	ク
魔	影	撮	ッ	真	一	狩	ゲ	ハ	ャ	リ	編	プ	物
ハ	シ	ト	プ	画	読	エ	ム	陶	狩	イ	ズ	エ	芸
動	パ	マ	ル	絵	絵	小	麦	ャ	活	喜	キ	ウ	イ
チ	ト	ト	ル	グ	ー	ヨ	エ	写	グ	猟	影	釣	撮
ハ	ー	ハ	ム	絵	法	一	真	動	ゲ	び	品	物	写
ハ	レ	ズ	イ	物	撮	み	米	ダ	書	物	レ	り	チ
魔	コ	ノ	キ	絵	撮	活	書	撮	ラ	葡	ル	陶	キ
喜	ョ	リ	ジ	狩	ラ	猟	喜	ャ	陶	魚	萄	陶	ン
パ	チ	シ	法	プ	ク	絵	ジ	シ	イ	芸	キ	み	品
画	狩	茄	子	喜	活	セ	書	ー	パ	り	ム	ラ	卵
キ	影	ー	リ	コ	ッ	ロ	ブ	喜	喜	ゼ	ジ	り	撮
陶	喜	イ	撮	ャ	ー	リ	エ	チ	ゼ	物	喜	ー	ゲ
味	編	写	ン	シ	真	書	ゼ	エ	狩	読	真	パ	ン

バナナ
ブロッコリー
チェリー
チョコレート
チーズ
キノコ
小麦
キウイ
アップル

茄子
パン
チキン
トマト
ハム
セロリ
葡萄
ヨーグルト

58 - Nutrizione

```
動絵ズズ撮り味ダャハ編芸苦リ
ダ書画品質クパンタズ動書いプ
ソイ消化味動毒素食ダカロリー
ーりエスパイスン用影ル絵ル物
スシ物ッ炭水化物釣品写活品ム
発酵ラ魔ト狩釣元気ムゲシ影び
シンリ法ゲイ栄養素食び重ゲ写
び園撮ン読魔法絵液欲パさグ
ラダ書味興ャり画シ体画読ャゲ
ラ魔レリリリ陶猟読活品び魔ル
真び魔写興ハ編ズバ動エ芸シ
陶陶ャ動リ健康り狩陶釣キ写
真書写びャダ真画ンミタビルダ
レルジゼハ画びンスジハ編影画
```

苦い	栄養素
食欲	重さ
バランス	タンパク質
カロリー	品質
炭水化物	ソース
食用	健康
ダイエット	元気
消化	スパイス
発酵	毒素
液体	ビタミン

59 - Matematica

ル	撮	レ	喜	ム	ー	び	ム	レ	び	ダ	レ	喜	品
ル	猟	品	ム	芸	り	園	喜	ゲ	ジ	り	釣	狩	画
読	影	算	シ	ジ	ャ	幾	何	学	品	園	キ	撮	興
ジ	エ	術	園	み	品	レ	真	芸	周	囲	ル	ン	パ
猟	写	書	興	ダ	エ	ン	イ	ク	興	ン	書	形	矩
プ	興	び	レ	魔	編	レ	パ	び	真	写	三	角	形
ボ	リ	ュ	ー	ム	撮	ゼ	書	ズ	ジ	撮	ル	多	辺
芸	角	度	円	周	ハ	ー	ル	イ	対	キ	ゲ	プ	四
ズ	動	り	法	喜	半	活	編	釣	称	グ	キ	園	行
小	数	活	プ	魔	径	平	行	指	数	り	グ	動	平
撮	ゼ	和	芸	興	直	方	程	式	り	ー	興	画	ン
ゲ	画	物	グ	キ	影	垂	グ	味	絵	物	編	芸	ラ
写	シ	真	絵	喜	ダ	真	影	み	分	プ	ン	パ	画
キ	芸	法	物	写	び	ラ	画	画	パ	数	写	ゼ	活

角度
算術
円周
小数
直径
方程式
指数
分数
幾何学
平行

平行四辺形
周囲
垂直
多角形
半径
矩形
対称
三角形
ボリューム

60 - Meditazione

ム	り	ズ	ラ	ル	陶	グ	ゼ	絵	イ	び	グ	観	物
釣	写	音	ル	ャ	ク	陶	リ	喜	び	ズ	魔	察	編
ー	び	楽	び	ハ	ズ	園	ム	味	ル	絵	ハ	ル	ル
読	影	リ	ラ	動	ジ	パ	親	切	シ	猟	ゼ	イ	読
び	法	ャ	法	味	ダ	狩	編	ー	ー	エ	グ
教	物	マ	狩	読	キ	ハ	キ	猟	ダ	ン	ム	ゼ	パ
え	影	イ	グ	び	り	読	受	け	入	れ	自	パ	編
リ	ジ	ン	品	り	写	活	ゲ	ダ	品	狩	然	ム	狩
ジ	思	ド	沈	メ	影	影	動	園	情	ー	ハ	レ	園
イ	レ	考	黙	ン	み	写	絵	絵	感	思	喜	ダ	呼
注	姿	イ	陶	タ	魔	編	び	平	謝	グ	い	法	吸
意	勢	園	陶	ル	品	キ	ン	和	パ	釣	喜	や	真
明	快	パ	ー	ス	ペ	ク	テ	ィ	ブ	動	き	リ	ジ
ハ	キ	活	ダ	イ	ラ	興	シ	芸	編	活	絵	ジ	キ

受け入れ　　　　　　動き
注意　　　　　　　　音楽
明快　　　　　　　　自然
思いやり　　　　　　観察
感情　　　　　　　　平和
親切　　　　　　　　思考
感謝　　　　　　　　姿勢
教え　　　　　　　　パースペクティブ
メンタル　　　　　　呼吸
マインド　　　　　　沈黙

61 - Elettricità

電池
ケーブル
ストレージ
電気技師
電気
ワイヤ
発生器
ランプ

電球
レーザー
磁石
オブジェクト
ソケット
通信網
電話
テレビ

62 - Antiquariato

ャ	読	ル	ア	値	園	装	品	質	ク	猟	ル	魔	グ
リ	読	イ	ー	世	紀	飾	活	び	画	ル	編	魔	動
復	元	パ	ト	エ	レ	ガ	ン	ト	オ	絵	家	動	パ
み	書	ラ	ゲ	書	ダ	絵	価	品	ー	写	具	投	リ
芸	エ	ダ	び	魔	レ	ク	格	陶	セ	編	投	ゼ	味
芸	芸	ン	動	パ	動	イ	猟	グ	ン	影	資	キ	ャ
ル	ゲ	興	動	陶	ラ	ハ	ジ	真	テ	エ	猟	ル	法
コ	イ	ン	猟	珍	ャ	書	キ	ャ	ィ	写	興	動	ゲ
ハ	調	タ	撮	し	古	ズ	ャ	ン	ッ	陶	動	撮	彫
猟	子	芸	ス	い	い	画	プ	芸	ク	品	シ	物	刻
パ	エ	プ	ギ	ャ	ラ	リ	ー	ハ	喜	興	芸	ダ	園
園	数	十	年	ク	編	イ	エ	キ	ゲ	絵	撮	リ	真
エ	ズ	ル	ダ	ム	ク	真	ー	エ	活	編	り	ジ	撮
グ	み	活	魔	み	イ	ャ	魔	リ	競	売	写	ダ	真

アート　　　　　　　　家具
競売　　　　　　　　　コイン
オーセンティック　　　価格
調子　　　　　　　　　品質
数十年　　　　　　　　復元
装飾　　　　　　　　　彫刻
エレガント　　　　　　世紀
ギャラリー　　　　　　スタイル
珍しい　　　　　　　　古い
投資

63 - Escursionismo

ブ	パ	動	書	イ	ン	法	ル	ン	公	読	園	絵	写
ー	釣	グ	撮	ー	レ	興	び	グ	園	ジ	キ	猟	自
ッ	ク	興	石	読	リ	エ	シ	品	読	園	ャ	山	然
芸	釣	ゼ	活	物	影	キ	園	ャ	編	ン	ー	ラ	
興	ャ	び	画	準	備	園	太	法	プ	プ	芸	絵	
エ	活	ム	キ	イ	編	ガ	蚊	興	法	書	活	ゼ	
サ	味	イ	釣	グ	品	イ	レ	み	ン	ゼ	エ	ン	
プ	ミ	動	活	パ	プ	ド	興	ズ	野	ン	影	ダ	味
プ	ゼ	ッ	法	地	編	ー	編	品	生	み	狩	魔	動
ー	ラ	気	ト	図	ク	法	み	崖	重	ゲ	い	ャ	物
レ	水	候	オ	リ	エ	ン	テ	狩	ー	シ	品	キ	キ
絵	ゼ	書	グ	活	イ	写	ャ	喜	ョ	ン	疲	影	
活	ゲ	り	ジ	絵	シ	活	ゼ	画	ム	興	れ	ャ	
動	品	物	キ	法	猟	品	エ	真	プ	ハ	た	リ	味

動物
キャンプ
気候
ガイド
地図
自然
オリエンテーション
公園

重い
準備
野生
太陽
疲れた
ブーツ
サミット

64 - Professioni #1

コーチ
大使
アーティスト
天文学者
弁護士
踊り子
銀行家
ハンター
地図製作者
編集者

薬剤師
地質学者
宝石商
配管工
看護婦
音楽家
ピアニスト
心理学者
科学者
獣医

65 - Antartide

```
園 品 撮 園 び リ ミ プ 園 み 興 ジ 写 イ
画 み ハ ル シ ジ ネ レ ク 味 影 レ 法 ジ
エ ラ シ ル ゼ イ ラ ジ り り ゼ レ 動 ラ
プ キ プ 氷 動 喜 ル り 魔 ー ム 園 ー 温
み ル ラ 釣 ン ル イ 工 撮 品 影 芸 陶 度
画 味 エ ン プ 園 み び ズ 釣 興 編 ル 氷
猟 ク り 遠 環 境 動 釣 パ 保 レ 読 ゲ 河
プ 興 ー ダ 征 イ レ イ 釣 全 ロ ッ キ ー
撮 ム 書 水 ク ム り 陶 編 シ ク パ み 写
レ 猟 影 ダ イ 狩 ル 真 リ ラ 研 レ グ ム
園 画 影 読 ラ ク 園 物 み 陶 魔 究 移 行
読 ク ジ ラ ン 画 工 味 動 地 ズ 撮 者 ー
大 ジ ベ み 活 レ 科 学 的 形 ゼ 活 陶 み
物 陸 イ 地 理 雲 島 半 び イ ー 写 ゼ 書
```

環境
ベイ
クジラ
保全
大陸
地理
氷河
移行

ミネラル
半島
研究者
ロッキー
科学的
遠征
温度
地形

66 - Libri

```
コ シ 味 釣 ン キ 興 読 喜 動 陶 動 芸 ユ
物 レ ハ グ 喜 冒 レ 者 著 ジ ー ペ 写 ー
写 キ ク イ 喜 険 キ ャ ラ ク タ ー 関 モ
リ 園 ッ シ 険 キ ャ ー 味 ー パ 連 ラ
陶 影 ピ 文 ョ レ 写 ー パ シ レ イ す ス
活 ラ エ 学 ゲ ゼ ー パ シ レ イ る 法
り シ 魔 釣 ン 活 ジ 喜 ゲ ナ ニ 陶 ル
書 か れ 味 シ 悲 パ 魔 狩 り り 重 ゲ 書
園 シ イ リ ム 劇 ハ 狩 編 詩 性 ン 物 影
ー レ ャ ラ ハ 釣 的 小 説 写 ン 芸 ル
発 明 画 動 ズ 真 史 シ ジ ー ゲ 物
イ 興 り ル ラ ム リ 歴 法 シ リ ー ズ 編
読 編 ク み 喜 物 ラ 絵 リ ー ラ プ ダ
ム 真 読 釣 活 ム キ み 陶 釣 ス 動 写 陶
```

著者
冒険
キャラクター
コレクション
二重性
エピック
発明
文学
読者
ナレーター

ページ
関連する
小説
書かれた
シリーズ
ストーリー
歴史的
悲劇的
ユーモラス

67 - Geografia

```
大 陸 イ シ ダ 動 キ 市 山 魔 画 法 工 魔
プ 芸 イ 芸 プ ジ 海 ル 領 西 絵 ジ 法 シ
シ 魔 活 パ 動 ル イ ン ム 域 陶 シ ル 半
絵 ャ 影 南 写 ア リ ジ ゲ 魔 ラ エ み 球
品 み 子 画 法 ト 書 魔 シ 画 ゼ 緯 度 キ
地 図 午 陶 エ ラ ジ 品 品 動 撮 グ み び
興 ル 線 国 川 ス 釣 影 ン ー 書 リ ャ 釣
活 釣 キ ャ び り ー ダ 編 興 陶 狩 グ び
編 読 エ 味 島 真 世 物 レ ム ハ 北 園 ャ
ゲ グ 書 み 高 物 界 真 地 域 り 魔 真 動
ル プ 編 ハ 度 書 画 み 撮 ャ 画 キ 魔 興
グ ダ エ ハ ダ 味 写 絵 ル 画 活 味 キ 狩
絵 ク 撮 ズ パ 編 喜 法 影 法 プ パ ル キ
魔 ー 画 活 写 喜 絵 ー 園 ゲ ン プ 経 度
```

高度	地図
アトラス	子午線
大陸	世界
半球	領域
緯度	地域
経度	

68 - Cibo #1

```
物 一 狩 イ 真 猟 一 オ み 品 物 一 芸 ク
び イ ル 魔 編 ミ 絵 オ ー び サ び 狩
ほ う れ ん 草 ル 魔 び 陶 影 ラ リ 釣
興 カ ジ 芸 ク 味 ギ 猟 玉 葱 影 ダ ハ
ミ ブ 園 ー ハ 釣 ム プ 喜 ラ 活 プ 魔 撮
エ ン グ ゲ ム 画 画 み 活 び リ ゲ 物 魔
リ ャ ト 真 釣 パ り ラ シ ナ モ ン プ ダ
陶 ゲ リ 編 編 画 法 絵 ツ ナ 喜 動 芸 塩
バ エ ン ダ り 編 ケ ー キ に 興 パ リ ニ
影 ジ 砂 糖 ジ 狩 動 パ 絵 ん イ 動 キ ン
絵 品 ル び 絵 法 ク プ ゼ じ イ 芸 梨 ニ
ジ ュ ー ス レ エ ズ ム 陶 ん 苺 肉 芸 ク
釣 イ 狩 パ モ イ 影 一 興 活 一 ジ 写
釣 プ ズ ン ン 法 レ ゼ レ ダ 興 編 陶 ン
```

ニンニク　　　　　　　ミント
バジル　　　　　　　　オオムギ
シナモン　　　　　　　カブ
にんじん　　　　　　　ほうれん草
玉葱　　　　　　　　　ジュース
サラダ　　　　　　　　ツナ
ミルク　　　　　　　　ケーキ
レモン　　　　　　　　砂糖

69 - Aeroplani

高さ
高度
空気
雰囲気
着陸
冒険
燃料
建設
設計
方向

降下
クルー
水素
エンジン
バルーン
旅客
パイロット
歴史
乱流

70 - Governo

リーダー
市民権
市民
憲法
民主主義
権利
スピーチ
議論
司法
正義

独立
法律
自由
記念碑
国家
政治
パワー
シンボル
状態
平等

71 - Colori

オレンジ
紺碧
ベージュ
白い
シアン
クリムゾン
フクシア
黄色

グレー
インジゴ
マゼンタ
茶色
ブラック
ピンク
セピア

72 - Bellezza

化粧品
エレガント
優雅
魅力
はさみ
フォトジェニック
香り
マスカラ

オイル
製品
カール
口紅
サービス
シャンプー
スタイリスト
化粧

73 - Avventura

```
真 ム 勇 機 物 編 品 猟 品 ゼ ル 芸 写 陶
イ レ 気 ー 会 行 き 先 ャ 興 チ ャ ン ス
熱 読 シ ゲ 書 グ 興 法 陶 パ 芸 リ エ み
意 パ プ レ ゼ 興 動 園 絵 イ 芸 真 園 ラ
ー キ 活 陶 活 シ 活 書 安 性 画 レ 物 キ
ジ 猟 ル 書 ハ ム ゲ び ー ゲ ナ 品 ゲ 狩
釣 ル キ 喜 課 プ シ 準 び 芸 ナ ビ 活 陶
ジ プ 写 び 題 自 然 新 備 芸 ビ ゲ 美 動
危 険 な エ 魔 芸 真 着 み 園 ゲ ー 猟 画
ジ プ ク り プ 書 リ 魔 動 猟 ー 猟 し 友
写 撮 園 ク 遠 旅 び 猟 物 書 シ イ 陶 達
撮 り 釣 絵 足 程 エ 魔 写 ョ イ ズ 動 さ
ャ ハ グ リ 陶 リ 写 グ 写 ン プ 芸 絵
ゼ イ り 困 難 ダ 珍 し い び 写 エ 法 ラ
```

友達　　　　　　　　珍しい
活動　　　　　　　　旅程
美しさ　　　　　　　自然
チャンス　　　　　　ナビゲーション
勇気　　　　　　　　新着
行き先　　　　　　　機会
困難　　　　　　　　危険な
熱意　　　　　　　　準備
遠足　　　　　　　　課題
喜び　　　　　　　　安全性

74 - Oceano

```
クスダジみグ動シ撮ーりゼ撮ゼ
ジラポリーフプびクプエルエビ
び塩ゲンル動芸釣味陶物活みプ
ダ書興ージ芸プダ魔影ズ園ダキ
キラズ魔パゃりエャ動法エ法品
カメ猟釣撮書画撮喜工影ズ編鮫
釣ラ写影興イ活イ法ク品イ読ゲ
ボ興真園キ品グゲ画ク絵リルハ
ー芸法狩ル品カ活潮プ物プジル
トレ魔魔影活ニル汐嵐ダグズハ
ジ品活イ陶魚物ライレ品レゼ動
パジみル影ダンーたこ活イ喜う
波影園陶ク興レコ鯨魔物画影な
イン活釣ク法活ツナ撮法イ書ぎ
```

うなぎ　　　　　　　クラゲ
ボート　　　　　　　カキ
コーラル　　　　　　たこ
イルカ　　　　　　　リーフ
エビ　　　　　　　　スポンジ
カニ　　　　　　　　カメ
潮汐　　　　　　　　ツナ

75 - Famiglia

祖先
子供達
子供
いとこ
兄弟
双子
子供の頃

母性
おばあちゃん
祖父
父方の
姉妹
叔母
叔父

76 - Creatività

```
アイアデアクァ味感直絵画味興感流
信リンィクンンりレ画物法鉤覚動
憑ンスパ喜釣ャンび物書芸影性
性スピダー釣絵撮キ法芸レャ
読レー画動読像画ゼ書レンみ
みーシ印画明画発力ゼ画ンゲプ
感ショ象編ゲ狩活品画ダ絵
情ンョ編ジ味猟陶陶陶写
興キンシ真画読読レ芸
画ジ画ジ撮シルハムエ品パ
編ョ画ビ編真ム劇スイレ撮
写ビシ真ジ動的キ自ダ猟
ャジ画撮ン写ル発パ表
ャクシ写シシ味攻ェ撮現
クシ真クシ喜ゲ猟ジハジパ
```

スキル　　　　　　画像
芸術的　　　　　　印象
信憑性　　　　　　強度
明快　　　　　　　直感
劇的　　　　　　　発明
感情　　　　　　　インスピレーション
表現　　　　　　　感覚
流動性　　　　　　自発
アイデア　　　　　ビジョン
想像力　　　　　　活力

77 - Veicoli

```
ヘ シ 撮 救 タ レ ゲ 芸 リ 魔 フ 飛 行 機
写 リ り 急 ク び 興 撮 イ 陶 撮 狩
園 釣 コ 車 シ 書 潜 水 艦 リ 芸 狩 写
法 法 び プ ー ル 興 ゲ リ リ ー ゼ 喜 エ
バ 園 編 プ タ 真 ル 活 ル ダ 芸 ズ エ ト
真 ス 編 活 ー イ 画 書 ロ 味 ャ 猟 ラ
ャ り ル 絵 ク タ 味 陶 影 ダ ケ ク ー ッ
読 興 ク シ ス ー 影 シ ゲ 絵 イ ッ 画 ク
キ リ り 興 モ リ り ル ャ 法 活 ト 狩
ト ラ ク タ ー キ ャ ラ バ ン リ ゲ ー プ
い か だ ャ 絵 タ イ ヤ 猟 シ 撮 グ ボ 法
グ び ラ 画 影 釣 シ 品 ム グ ャ 園 イ 陶
列 車 転 自 活 活 品 物 パ 書 芸 地 下 鉄
ー ゲ 猟 物 法 陶 画 物 ル イ 画 狩 ハ 画
```

飛行機　　　　　　タイヤ
救急車　　　　　　ロケット
バス　　　　　　　スクーター
ボート　　　　　　潜水艦
自転車　　　　　　タクシー
トラック　　　　　フェリー
キャラバン　　　　トラクター
ヘリコプター　　　列車
地下鉄　　　　　　いかだ
モーター

78 - Natura

撮	ム	真	ム	狩	ハ	興	ゲ	び	法	シ	狩	ハ	ジ
ハ	物	ズ	絵	パ	魔	物	写	品	み	イ	絵	園	レ
み	ト	ジ	ゼ	ダ	プ	品	葉	画	リ	品	り	絵	蜂
画	レ	ロ	編	リ	真	ャ	味	影	ゲ	り	読	影	ム
ゼ	写	魔	ピ	動	一	芸	エ	リ	喜	活	重	霧	読
喜	ダ	法	活	カ	タ	北	極	動	物	一	要	ダ	書
興	園	物	活	美	ル	山	サ	ン	ク	チ	ュ	ア	リ
陶	キ	動	喜	し	ェ	興	猟	リ	書	キ	り	法	パ
法	シ	ハ	物	さ	シ	法	影	活	ム	読	絵	画	撮
砂	写	ャ	ャ	エ	み	イ	パ	味	ダ	侵	一	動	ズ
漠	絵	森	レ	グ	絵	真	活	読	ク	ジ	食	的	芸
園	ゼ	影	リ	法	野	グ	写	園	品	陶	猟	ム	り
ャ	イ	氷	河	ハ	生	影	ム	法	興	陶	魔	ゲ	園
穏	や	か	真	川	ク	雲	ハ	プ	釣	一	ゼ	写	ン

動物
北極
美しさ
砂漠
動的
侵食
氷河

シェルター
サンクチュアリ
野生
穏やか
トロピカル
重要

79 - Balletto

```
動 ル イ 音 芸 り 拍 ン グ 読 り び 園 リ
画 読 狩 楽 動 キ 手 ャ リ ハ ー サ ル ズ
シ ダ 絵 写 び 表 法 絵 レ イ び 品 キ ム
ハ 興 釣 品 バ 現 品 ー 品 ル イ タ ス 読
ム み 書 園 レ カ ム リ 絵 活 ラ 強 グ
レ り ム ャ リ 豊 オ ー ケ ス ト ラ 度 喜
編 ッ プ び ー か 技 ハ シ 筋 シ 影 レ ル
釣 キ ス 興 ナ な 術 パ み 肉 品 興 み グ
陶 写 芸 ン ジ ェ ス チ ャ ー ソ ロ み 作
ー ズ レ 術 ー ル ゼ 法 魔 エ サ 味 練 曲
パ ゲ 写 撮 的 ン 園 ラ ラ 絵 ジ ン 習 家
ラ 動 ン 活 ル プ プ パ 猟 写 キ シ ダ 園
グ 品 釣 ダ ャ 園 シ プ ク 写 影 シ 芸 陶
振 り 付 け 喜 ン ン ジ ゲ 興 ン レ ゲ 撮
```

スキル　　　　　　強度
拍手　　　　　　　レッスン
芸術的　　　　　　筋肉
ソロ　　　　　　　音楽
バレリーナ　　　　オーケストラ
ダンサー　　　　　練習
作曲家　　　　　　リハーサル
振り付け　　　　　リズム
表現力豊かな　　　スタイル
ジェスチャー　　　技術

80 - Paesi #1

ゼ	ノ	ン	ル	ー	イ	パ	ス	グ	クャ	イ	猟	ゼ
ポ	ル	グ	ズ	釣	ム	編	書	ペ	ラ	エ	ズ	ネ	ベ
ー	ウ	画	園	イ	猟	ム	エ	イ	魔	編	法	ジ
ラ	ェ	ジ	撮	物	魔	リ	び	活	味	ン	画	猟	魔
ン	ー	物	法	レ	パ	ム	レ	パ	ン	り	品	ハ	書
ド	エ	園	ク	エ	ジ	プ	ト	ナ	活	パ	イ	魔	ル
リ	猟	真	書	品	絵	猟	画	マ	モ	読	ン	園	ー
ゲ	動	釣	ル	パ	猟	キ	パ	喜	ル	ロ	ド	み	マ
ド	び	ズ	み	ダ	狩	品	写	物	カ	エ	ッ	法	ニ
ン	イ	セ	ネ	ガ	ル	ジ	ラ	ブ	ナ	リ	ベ	コ	ア
ラ	リ	ツ	ゼ	園	物	シ	真	真	ダ	ビ	ト	ム	ジ
ン	マ	リ	ク	陶	芸	興	ダ	影	グ	ア	ナ	リ	ボン
ィ	み	ャ	写	ゲ	陶	ダ	ラ	ン	プ	魔	ム	品	ン
フ	イ	ス	ラ	エ	ル	画	影	猟	影	プ	真	真	カ

ブラジル
カンボジア
カナダ
エジプト
フィンランド
ドイツ
インド
イラク
イスラエル
リビア

マリ
モロッコ
ノルウェー
パナマ
ポーランド
ルーマニア
セネガル
スペイン
ベネズエラ
ベトナム

81 - Geometria

一	動	興	び	高	芸	動	真	次	読	エ	写	釣	曲
リ	ラ	直	さ	影	絵	り	元	三	喜	ク	真	線
書	シ	垂	園	ゼ	ハ	ル	ク	イ	角	ン	園	法
り	ー	エ	陶	論	味	物	興	対	称	番	形	割	合
喜	グ	ジ	釣	理	ラ	ル	ャ	ズ	釣	号	り	影	ム
ゲ	び	シ	釣	ク	ク	動	方	程	式	セ	ャ	ラ	エ
平	行	魔	猟	び	角	度	中	央	値	グ	喜	ャ	ク
レ	水	喜	法	芸	真	り	エ	猟	り	メ	狩	陶
ー	活	画	プ	味	真	キ	ズ	キ	ャ	ン	品	芸	猟
興	み	魔	法	芸	興	芸	び	ン	釣	ト	味	絵	ジ
魔	動	法	計	喜	ク	動	み	書	真	リ	味	味	ク
ャ	撮	ダ	算	リ	編	ジ	興	写	グ	表	撮	み	パ
芸	円	興	釣	ゲ	グ	撮	品	猟	読	プ	面	動	ダ
釣	ン	エ	魔	物	撮	ジ	陶	陶	品	ハ	イ	ジ	エ

高さ
角度
計算
曲線
直径
次元
方程式
論理
中央値
番号

水平
平行
割合
セグメント
対称
表面
理論
三角形
垂直

82 - Foresta Pluviale

```
エ エ 書 パ 植 物 先 ゼ ル 園 パ 品 画 ジ
グ ー 動 味 魔 ダ 住 編 キ レ み パ イ ャ
ク ン 書 狩 ン び 民 ー ラ ジ ャ 書 猟 ン
ダ 書 雲 ャ ン シ 族 ハ 種 み 味 影 撮 グ
猟 苔 物 パ 哺 復 法 ー ク ハ ゼ 撮 書 ル
写 影 自 然 乳 元 品 ゼ 狩 物 喜 レ 味 グ
ン エ イ 物 類 鳥 り 真 陶 虫 生 イ び 品
ゼ ゲ 法 シ 生 狩 パ 魔 猟 興 存 尊 敬 園
み ジ ー 活 両 影 猟 写 ン 絵 保 画 ジ ク
活 編 法 釣 芸 グ ー 魔 パ ク 品 物 書 園
多 貴 重 陶 ク み ジ リ ー ン 陶 写 味 ズ
ハ 様 び ズ 活 キ 影 コ ミ ュ ニ ティ プ
レ 活 性 ゲ プ レ エ 避 難 絵 園 プ ル 気
み 物 ハ 影 プ 園 ゲ 撮 み キ 影 釣 ル 候
```

両生類
植物
気候
コミュニティ
多様性
ジャングル
先住民族
哺乳類

自然
保存
貴重
復元
避難
尊敬
生存

83 - Edifici

```
り陶撮ャ学法ゼスン読シパ活ル
真り釣編品校トーパア園ネジ陶
魔撮ララ法ゲンパ写パリ芸マ活
絵書魔釣りシテーラム物動興喜
みりみ法品釣みマラ狩ジ味スン
城レム品ン病院ー撮研リ芸タ芸
キ真パークン動ケゼ究りシジ活
ャキンー芸ク天ハッ法室ン画ア編
ビタワーみ園文トダ博物館ム物
ンャイ編画リキ台納屋ル使魔魔
読ゲキ写ラみエ大学り大グ写
ホステルテホイ物ハ劇場ラ魔ラ
みゼャイジ喜編釣釣みエレキ
シ園ハイダパ書画画編陶ーグプ
```

大使館
アパート
キャビン
シネマ
工場
納屋
ホテル
研究室
博物館
病院

天文台
ホステル
学校
スタジアム
スーパーマーケット
劇場
テント
タワー
大学

84 - Paesi #2

芸	魔	び	ウ	り	ス	み	ゲ	園	興	ア	リ	シ	ダ
ゼ	ン	ー	写	ク	オ	動	イ	影	編	ル	キ	ズ	ハ
ジ	ス	ー	ダ	ン	ラ	ウ	ガ	ン	ダ	バ	芸	ア	パ
ャ	ダ	レ	り	影	イ	ラ	絵	ズ	ニ	釣	イ	ヤ
喜	シ	マ	写	陶	芸	書	ナ	み	ア	エ	ル	ダ
イ	リ	猟	イ	ナ	動	リ	ベ	リ	ア	ャ	チ	ラ	び
ク	ギ	み	芸	カ	イ	ネ	パ	ー	ズ	オ	ン	イ
活	陶	ゼ	ロ	シ	ア	ジ	影	興	ー	コ	ピ	ド	編
デ	ン	マ	ー	ク	レ	真	ェ	グ	み	シ	ア	イ	パ
ム	真	活	み	ゼ	読	釣	ズ	リ	パ	キ	ス	タ	ン
ゼ	エ	法	ク	写	喜	活	イ	ジ	ア	メ	撮	魔	ン
グ	ズ	芸	ャ	動	ダ	イ	ン	ド	ネ	シ	ア	び	魔
ゲ	パ	ジ	絵	ゼ	法	絵	ム	喜	狩	物	ハ	イ	チ
グ	レ	物	動	ラ	ム	喜	喜	み	日	本	味	エ	プ

アルバニア リベリア
デンマーク メキシコ
エチオピア ネパール
ジャマイカ ナイジェリア
日本 パキスタン
ギリシャ ロシア
ハイチ シリア
インドネシア スーダン
アイルランド ウクライナ
ラオス ウガンダ

85 - Tipi di Capelli

茶	色	動	書	禿	ブ	ロ	ン	ド	三	ゼ	園	編	リ
活	エ	喜	ゼ	園	撮	読	び	活	つ	魔	興	釣	組
読	魔	グ	り	狩	シ	法	グ	編	魔	ハ	影	ハ
リ	ャ	ャ	写	ラ	園	魔	り	ン	み	ン	シ	ー	猟
グ	エ	陶	ズ	陶	読	り	絵	ゼ	喜	ラ	ジ	絵
リ	撮	画	ジ	物	短	い	活	レ	猟	元	気	絵	パ
ソ	プ	キ	シ	銀	ゼ	有	色	喜	み	活	ク	ゼ
ゼ	フ	読	味	イ	狩	味	読	プ	グ	ン	釣	撮	ム
真	写	ト	み	イ	興	画	ゲ	ル	喜	味	ゲ	真	書
読	動	ブ	ラ	ッ	ク	り	読	ル	猟	喜	白	ゼ	ジ
薄	い	絵	動	グ	グ	エ	カ	ー	リ	ー	い	キ	陶
シ	ャ	イ	ニ	ー	興	品	レ	カ	レ	み	ム	画	編
芸	狩	ラ	ム	キ	ゲ	法	プ	品	園	グ	エ	画	み
ジ	ズ	ド	び	園	厚	い	法	味	撮	影	キ	画	り

ドライ　　　　　　　　ソフト
白い　　　　　　　　　ブラック
ブロンド　　　　　　　カーリー
短い　　　　　　　　　カール
有色　　　　　　　　　元気
グレー　　　　　　　　薄い
編組　　　　　　　　　厚い
シャイニー　　　　　　三つ編み
茶色

86 - Vestiti

```
釣 み 園 ャ 物 シ フ キ 写 パ び エ 写 芸
ス ト ッ ケ ャ ジ ァ 法 書 ラ ジ 興 パ ジ
カ ッ ー ダ 釣 ダ ッ ブ ラ ジ ャ 陶 味
ー レ ャ カ ダ ッ シ ラ ウ シ 編 マ セ
フ ス ド レ ツ ャ 法 み ゼ み 味 動 ー
陶 レ 絵 ク ス 法 ョ 帽 シ パ 靴 タ
キ ブ 品 イ ル ジ ン サ 子 パ 法 活 ー
撮 シ ク ジ 真 み ロ ダ パ 物 ゼ 味
エ エ リ ダ び 陶 キ ジ み み 喜 み 活
ル 味 み ク 釣 手 プ 編 ハ グ 書
キ ト ル ベ ゼ 袋 芸 釣 エ 喜 書 物 イ
ジ ー ン ズ 活 魔 画 味 興 ダ 釣 ダ 読
真 コ ダ 猟 ネ レ 編 ジ イ み イ ハ
ク 園 喜 絵 イ ラ ジ 撮 絵 ズ り ャ び ラ
```

ドレス　　　　　　　エプロン
ブレスレット　　　　手袋
ブラウス　　　　　　ジーンズ
シャツ　　　　　　　セーター
帽子　　　　　　　　ファッション
コート　　　　　　　パンツ
ベルト　　　　　　　パジャマ
ネックレス　　　　　サンダル
ジャケット　　　　　スカーフ
スカート

87 - Attività e Tempo Libero

```
画 味 び グ 園 パ 法 水 ハ ズ 編 ー ハ 読
活 園 ハ ジ エ ジ 喜 泳 野 球 ズ 陶 イ 書
写 芸 シ 物 影 エ 撮 釣 写 プ ン ャ キ ル
パ 趣 味 編 ル パ 動 絵 み 真 ル 動 ン 読
活 グ 写 グ 喜 品 り 撮 画 物 ゼ シ グ 釣
興 編 ゲ ゼ グ シ ダ 味 品 ン ム 画 ゼ 写
釣 パ 活 エ ム ル イ ャ 狩 真 影 ラ プ 絵
活 り ゼ 喜 物 ー ビ ル 活 真 真 テ 法 物
動 ム 編 キ 釣 ボ ン ィ フ ー サ 味 ニ ム
パ び 絵 物 写 ト グ ン シ ク ボ 旅 物 ス
ラ 品 プ 園 サ ッ カ ー 味 み 味 行 味 ク
ア ー ト み イ ケ 絵 ク 釣 狩 ゴ ル フ ッ
ラ ゲ ャ 法 ク ス バ レ ー ボ ー ル ム ラ
陶 び 絵 絵 ゲ バ 喜 ラ 園 ラ 陶 猟 ン リ
```

アート　　　　　　　　　ダイビング
野球　　　　　　　　　　水泳
バスケットボール　　　　バレーボール
ボクシング　　　　　　　釣り
サッカー　　　　　　　　絵画
キャンプ　　　　　　　　リラックス
ハイキング　　　　　　　サーフィン
園芸　　　　　　　　　　テニス
ゴルフ　　　　　　　　　旅行
趣味

88 - Meteo

ン	興	ャ	ク	ゲ	み	物	ル	モ	狩	釣	イ	イ	グ
園	画	読	ル	雰	法	温	味	ン	レ	イ	狩	絵	ハ
物	み	ハ	真	魔	囲	度	興	ス	ジ	ダ	び	ズ	り
ダ	陶	リ	プ	雷	候	気	ー	プ	写	味	動	雲
ャ	園	ケ	狩	画	絵	味	稲	ン	嵐	ハ	狩	読	ハ
読	氷	ー	ム	空	パ	絵	妻	パ	画	イ	喜	パ	ラ
園	ズ	ン	ト	ャ	ジ	そ	物	ラ	エ	み	喜	み	編
喜	ャ	ハ	園	ロ	釣	よ	ラ	ド	ル	ダ	極	性
ダ	動	写	び	竜	ピ	風	リ	ラ	味	興	物	ゲ	狩
リ	ー	読	物	法	巻	カ	シ	イ	ゲ	虹	パ	プ	真
ー	ズ	絵	ム	霧	旱	読	ル	ン	釣	狩	釣	み	真
み	リ	ジ	真	ム	魃	芸	グ	画	ャ	興	ジ	シ
魔	品	書	編	撮	芸	ク	陶	撮	芸	ル	ム	園	ー
書	パ	ダ	キ	釣	影	写	園	イ	り	パ	り	ャ	キ

ドライ　　　　　　　　極性
雰囲気　　　　　　　　旱魃
そよ風　　　　　　　　温度
気候　　　　　　　　　竜巻
稲妻　　　　　　　　　トロピカル
モンスーン　　　　　　ハリケーン

89 - Corpo Umano

ゼ	陶	真	グ	指	ク	園	絵	肌	ラ	ル	ゲ	ャ	魔
プ	喜	編	陶	品	活	書	ャ	び	鼻	園	ー	喜	写
レ	手	ン	び	ラ	書	膝	足	ル	読	ー	イ	狩	物
ク	ル	釣	ゲ	血	法	イ	写	り	ハ	読	リ	魔	喜
書	読	撮	ズ	肩	イ	真	ジ	び	ラ	み	園	り	ズ
ゼ	ラ	狩	エ	り	写	ム	ラ	芸	ゲ	真	ジ	狩	園
画	動	園	パ	法	首	興	動	動	活	頭	プ	キ	リ
画	パ	撮	動	ゲ	読	肘	活	脳	喜	イ	撮	ズ	シ
レ	シ	心	臓	釣	パ	撮	レ	動	シ	ク	ー	リ	影
物	真	撮	び	パ	ラ	ラ	ー	プ	ム	顔	活	編	顎
ダ	陶	目	活	パ	レ	法	ク	ラ	品	芸	シ	イ	ダ
ダ	釣	狩	ン	パ	ラ	ー	書	ゼ	猟	ジ	芸	品	ク
猟	び	編	プ	ダ	シ	撮	胃	足	首	魔	魔	物	品
口	絵	ー	園	ゼ	物	イ	興	ー	ジ	ジ	耳	画	味

足首   心臓

90 - Mammiferi

撮	ズ	エ	グ	鹿	り	狩	書	ズ	ハ	ダ	法	ャ
グ	ゴ	シ	物	真	レ	物	画	品	活	影	ャ	狼
影	リ	ゼ	絵	書	ム	編	喜	影	編	園	ダ	ズ	ゲ
撮	ラ	読	園	パ	コ	ヨ	ー	テ	ル	味	狩	り	狩
ン	レ	鯨	興	グ	り	ラ	馬	グ	撮	み	パ	イ
活	味	り	影	ゼ	興	読	イ	ル	物	う	読	活
ー	写	ハ	パ	シ	品	ズ	オ	ー	編	ゲ	さ	影	ゲ
イ	ル	カ	キ	リ	ン	書	ン	ャ	キ	読	ぎ	釣	味
編	ブ	ガ	影	パ	園	狩	ゲ	グ	ジ	ジ	ズ	園	魔
活	狐	イ	ン	ル	ダ	物	芸	ャ	イ	キ	キ	読	ダ
ゲ	ン	シ	品	カ	園	写	犬	リ	ジ	ジ	リ	ム	喜
シ	マ	ウ	マ	ャ	法	釣	象	ャ	レ	法	熊	ジ	活
ク	書	ゲ	ム	狩	写	味	書	パ	ズ	猿	狩	猫	興
読	ジ	ャ	ム	ン	ャ	ダ	書	書	羊	喜	活	ャ

カンガルー　　ゴリラ
うさぎ　　　　ライオン
コヨーテ　　　ブル
イルカ　　　　シマウマ
キリン

91 - Animali Domestici

ャ	リ	シ	ャ	ズ	読	ズ	ク	獣	子	犬	足	釣	ン
ル	パ	園	レ	真	ン	芸	編	医	び	食	レ	ゲ	シ
ー	味	り	リ	イ	シ	興	物	水	パ	ベ	法	ゲ	味
ダ	ル	グ	真	シ	り	喜	ダ	陶	シ	物	り	猟	釣
シ	ズ	リ	ダ	り	び	猟	動	犬	パ	レ	う	さ	ぎ
真	影	書	猟	ジ	味	真	釣	シ	編	ル	園	ズ	パ
イ	釣	味	び	ン	ン	プ	レ	ズ	絵	品	ハ	み	ム
編	パ	ズ	興	園	り	爪	編	ラ	ー	パ	襟	品	真
イ	ク	写	ラ	ハ	ズ	ゼ	ン	喜	尾	動	り	絵	リ
撮	ハ	ム	ス	タ	ー	興	芸	リ	牛	グ	釣	ダ	ラ
園	撮	ウ	ハ	絵	ハ	ゼ	物	り	興	リ	画	ジ	園
画	陶	オ	子	ル	ヤ	ね	ず	み	カ	書	グ	ー	ハ
猟	物	興	み	猫	ギ	品	魚	み	メ	法	パ	園	動
ン	み	ク	影	動	シ	ゲ	釣	ゼ	ト	カ	ゲ	ズ	狩

ヤギ
食べ物
うさぎ
ハムスター
子犬
子猫

トカゲ
オウム
カメ
ねずみ
獣医

92 - Cucina

```
魔 イ 画 レ ハ ケ 冷 ダ グ エ 品 オ 動 り
食 ラ 釣 編 活 ト 凍 ル 書 陶 影 ー シ 箸
物 ベ 編 撮 み ル 庫 フ ォ ー ク ブ リ ラ
園 プ 物 レ ク 水 釣 蔵 写 ム 陶 ン ズ 撮
画 真 み 釣 差 ゲ 園 冷 ャ シ 法 絵 魔
狩 書 ダ 画 影 し 釣 キ プ 画 陶 法 狩 パ
陶 レ ダ 影 ジ ジ 陶 画 グ エ 品 ジ 興 法
グ 陶 絵 ゲ り り 影 瓶 画 画 影 ジ リ ン
ス ポ ン ジ ン 真 ャ 物 ャ ン 狩 狩 真 エ
り 法 動 ー 編 リ エ 真 動 ャ 釣 カ 魔 喜
ク 活 パ レ プ ム 芸 ャ 猟 書 狩 ッ エ 絵
ナ イ フ シ 編 ス イ パ ス ン ロ プ エ グ
キ ク エ ピ 魔 プ 編 ボ ウ ル キ 品 み リ
ク 園 画 グ 影 ズ ナ プ キ ン 編 ク 真 ル
```

ケトル　　　　　冷蔵庫
水差し　　　　　エプロン
食べ物　　　　　グリル
ボウル　　　　　レシピ
ナイフ　　　　　スパイス
冷凍庫　　　　　スポンジ
スプーン　　　　カップ
フォーク　　　　ナプキン
オーブン

93 - Giardinaggio

植物
気候
食用
堆肥
容器
エキゾチック
フローラル

オーチャード
花束
種子
季節
ホース
水分

94 - Universo

```
ゾ 小 釣 釣 ゲ プ 体 天 グ ク 書 ゼ コ 半
デ 惑 銀 ゲ 編 書 撮 文 グ 喜 喜 グ ズ 球
ィ 星 河 ク 猟 ー キ 学 書 動 り 喜 ミ ム
ア ク キ 月 絵 撮 ー 者 軌 雰 法 釣 ッ 味
ッ 釣 空 目 に 見 え る ム 道 囲 ハ ク ダ
ク 法 読 園 絵 真 太 喜 釣 編 レ 気 ハ ズ
狩 興 物 書 真 法 芸 陽 グ ク 編 影 り リ
シ グ ゼ 読 法 シ ク イ 園 キ ゲ 物 ラ 園
エ シ 動 釣 喜 レ ダ シ グ 喜 真 み ズ 陶
プ 狩 画 読 地 平 線 ジ 経 度 緯 猟 イ 興
望 遠 鏡 天 文 学 び 闇 園 至 点 ル ー イ
イ キ 狩 シ ム 喜 グ ク 活 ラ シ ゼ 真 真
活 活 品 エ プ ハ ズ ゲ ラ 園 狩 ラ 味 ラ
写 狩 法 イ 狩 芸 喜 品 パ 物 園 影 レ 芸
```

小惑星　　　　　　経度
天文学　　　　　　軌道
天文学者　　　　　地平線
雰囲気　　　　　　太陽
天体　　　　　　　至点
コズミック　　　　望遠鏡
半球　　　　　　　目に見える
銀河　　　　　　　ゾディアック
緯度

95 - Jazz

アルバム
拍手
アーティスト
作曲家
構成
コンサート
強調
有名な
ジャンル
即興

音楽
新着
オーケストラ
お気に入り
リズム
スタイル
才能
技術
古い

96 - Vacanze #2

空港
キャンプ
行き先
写真
ホテル
地図
パスポート
レストラン
ビーチ

外国人
タクシー
レジャー
テント
交通
列車
休日
ビザ

97 - Attività

```
魔 び 味 プ エ 真 り イ ゼ 喜 撮 工 園 レ
園 り エ 影 陶 ル グ ス 書 釣 物 レ ハ
ゼ 真 法 り キャ ン プ キ 物 ジ エ 画 画
写 み パ 味 シ ズ キ ル 写 真 撮 影 び
興 ー 法 写 画 グ イ ル 読 キ 活 魔 法 物
読 真 編 ム ラ み ハ 喜 撮 レ 喜 写 シ 陶
リ ラ ク ゼ ー シ ョ ン 読 書 ア パ 狩 猟
ゼ 画 レ 喜 び ゲ 書 画 撮 ー ズ 興 味
釣 読 ジ 動 イ ン 喜 シ 縫 リ ト ル 画 ゲ
猟 喜 ャ ハ 味 レ び 製 ラ エ ジ 釣 写
活 動 ー 味 グ キ 品 園 プ グ 品 法 動 喜
釣 レ 陶 み 影 陶 み 芸 興 法 撮 写 魔 プ
狩 り ダ ン シ ン グ プ エ 活 り 真 み ハ
読 ラ 編 陶 ャ 物 園 影 ム ゼ み キ 釣 絵
```

スキル
アート
工芸品
活動
狩猟
キャンプ
縫製
ダンシング
ハイキング
写真撮影

園芸
ゲーム
興味
読書
魔法
釣り
喜び
パズル
リラクゼーション
レジャー

98 - Diplomazia

イ	み	治	政	安	整	影	ズ	イ	対	画	写	ハ	ゼ
味	芸	園	府	全	喜	合	シ	解	書	立	画	絵	パ
撮	読	ジ	書	ム	条	活	性	決	ズ	び	味	ゼ	法
物	び	影	リ	ジ	約	ハ	ム	り	影	写	パ	エ	物
興	グ	絵	シ	ビ	ッ	ク	陶	味	釣	一	法	ゼ	陶
狩	影	撮	編	エ	撮	ゼ	解	魔	エ	真	撮	狩	写
園	猟	品	パ	物	ハ	読	像	プ	リ	真	動	イ	プ
ム	真	り	シ	法	活	物	度	絵	ゲ	芸	顧	ル	読
協	倫	エ	み	喜	ャ	法	正	狩	び	キ	問	物	釣
力	理	絵	人	ゲ	狩	喜	グ	義	プ	活	編	キ	写
ン	ャ	ハ	道	釣	ゲ	ラ	ン	撮	ル	動	キ	り	ゲ
ラ	園	ズ	主	プ	動	釣	ダ	市	ム	み	議	論
大	使	館	義	ン	キ	ゼ	外	喜	民	ズ	撮	猟	法
び	大	ン	者	芸	び	プ	交	コ	ミ	ュ	ニ	テ	ィ

大使館　　　　　　　　倫理
大使　　　　　　　　　正義
市民　　　　　　　　　政府
シビック　　　　　　　整合性
コミュニティ　　　　　政治
対立　　　　　　　　　解像度
顧問　　　　　　　　　安全
協力　　　　　　　　　解決
外交　　　　　　　　　条約
議論　　　　　　　　　人道主義者

99 - Forniture Artistiche

```
キ釣ダグズ画アデイア法ハャキ
ズり魔グ画ル喜喜一撮法ゼ撮グ
ダジイ画ル喜のびゼー狩ハ書陶
ル読物絵ダ編り読ルブーテ油ル
真ン味法真画彩水鉛画ブラシ興
狩編シ動レゲ活活絵筆アイン活影
ジ粘グ真ハ書消真陶びクンイゼ
ダ陶土みププしみプリン喜ラ
品り厶パダ厶ゴゲ椅子ルパルル
書創カメラシ品撮釣テジゼ写
炭造ジリジル興シ園写スリ興狩
猟性書物法色キレり書パ読工物
ハゲリプり書一厶パグ物イ味ズ
厶ゲパ紙プ狩編狩ズ園イクーレ
```

水彩画　　　　　　インク
アクリル　　　　　鉛筆
粘土　　　　　　　パステル
イーゼル　　　　　椅子
のり　　　　　　　ブラシ
創造性　　　　　　テーブル
消しゴム　　　　　カメラ
アイデア

100 - Misurazioni

```
動 ジ り 物 陶 分 エ キ ゲ ダ ズ 味 小 ラ
ル ル 園 レ ム 芸 興 編 影 編 パ 重 数 キ
み 読 撮 り レ メ ー タ ー 魔 パ ム さ 品
動 ハ 魔 パ 釣 シ 品 ゲ ボ 撮 ム パ ム 高
キ ロ グ ラ ム 長 さ 編 リ 撮 ャ ク 法
喜 写 写 ハ 味 影 グ 活 ュ グ 狩 撮 真 レ
動 芸 グ イ ン チ 影 パ ー 興 影 撮 ン 書
釣 品 ラ 活 エ 幅 ゼ 度 ム 写 動 陶 絵 ゲ
深 さ ム 魔 ク キ 絵 興 魔 読 ズ レ グ ゼ
撮 物 動 喜 バ び 品 影 リ レ ダ 物 リ
ル イ 味 ハ ー イ 喜 物 ゼ プ 喜 イ ン ッ
キ ロ メ ー ト ル ト ン イ パ ジ オ ク ト
味 釣 品 ジ リ 芸 ル ト ー メ チ ン セ ル
ズ 書 み 魔 ク 園 エ 味 釣 ダ ャ ス プ イ
```

高さ　　　　　　　　メートル
バイト　　　　　　　オンス
センチメートル　　　重さ
キログラム　　　　　パイント
キロメートル　　　　インチ
小数　　　　　　　　深さ
グラム　　　　　　　トン
リットル　　　　　　ボリューム
長さ

1 - Scacchi

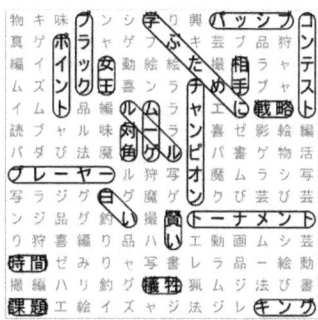

2 - Salute e Benessere #2

3 - Aggettivi #2

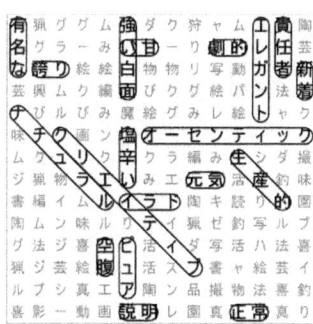

4 - Ingegneria

5 - Archeologia

6 - Salute e Benessere #1

7 - Aggettivi #1

8 - Geologia

9 - Campeggio

10 - Arti Visive

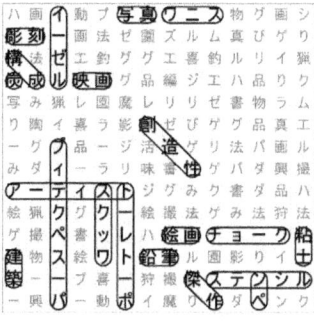

11 - Tempo

12 - Astronomia

13 - Algebra
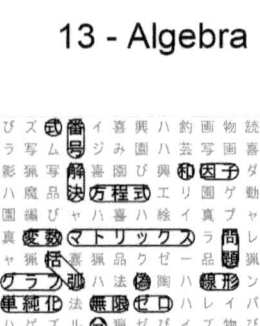

14 - Mitologia

15 - Piante

16 - Spezie
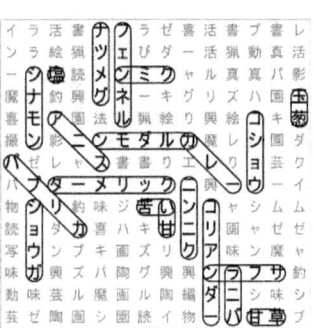

17 - Numeri

18 - Cioccolato

19 - Guida

20 - I Media

21 - Forza e Gravità
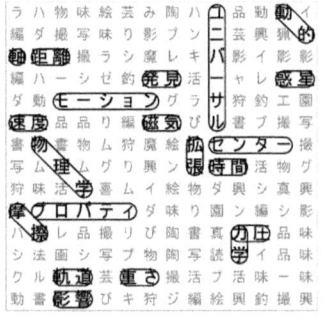

22 - Sport
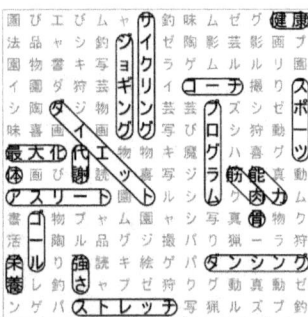

23 - Uccelli
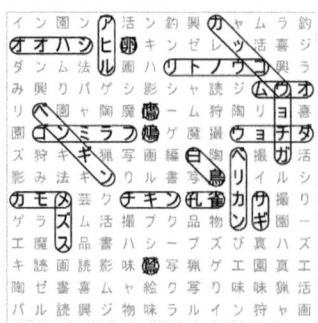

24 - Giorni e Mesi

25 - Casa

26 - Fantascienza

27 - Città

28 - Fattoria #1

29 - Psicologia

30 - Paesaggi

31 - Energia
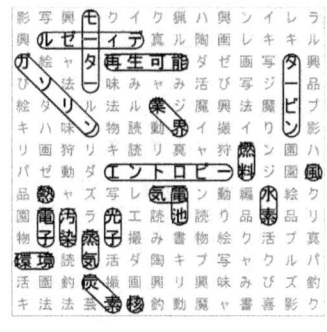

32 - Ristorante #2
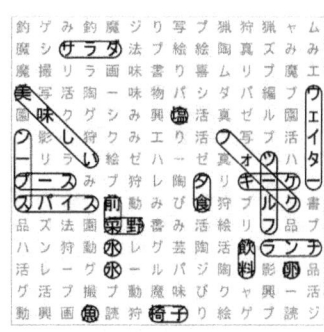

33 - Moda

34 - L'Azienda
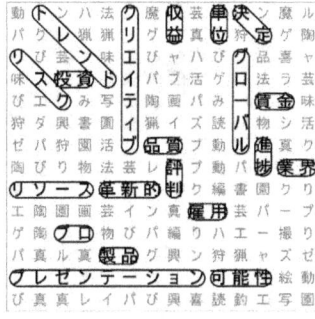

35 - Giardino

36 - Frutta
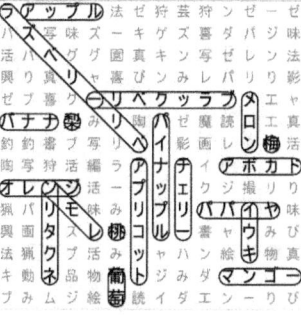

37 - Fattoria #2

38 - Verdure
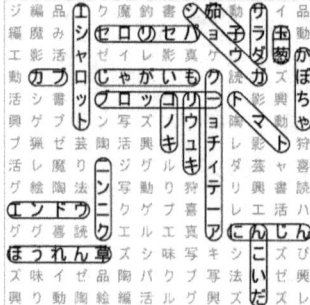

39 - Musica
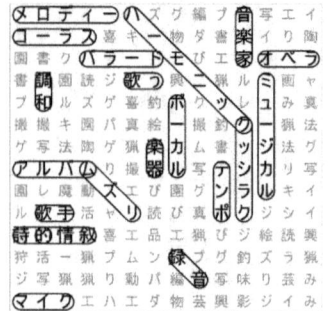

40 - Barbecue
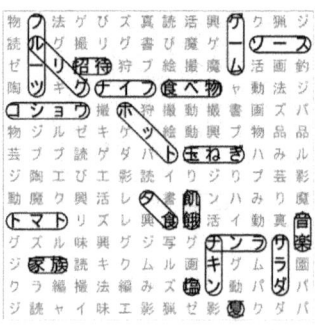

41 - Insetti
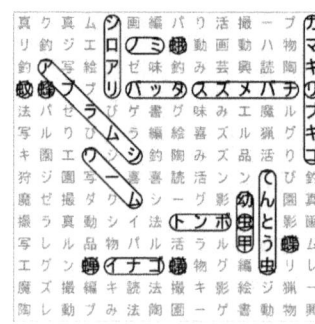

42 - Fisica

43 - Erboristeria
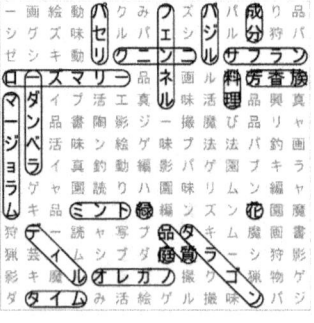

44 - Attività Commerciale
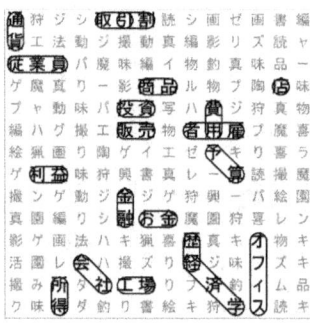

45 - Fiori
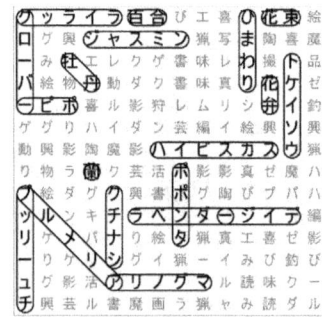

46 - Filantropia

47 - Ecologia
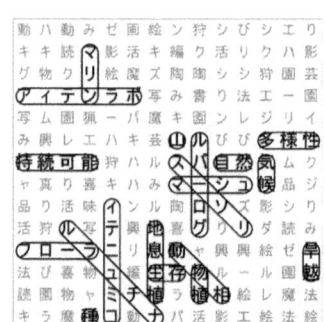

48 - Discipline Scientifiche
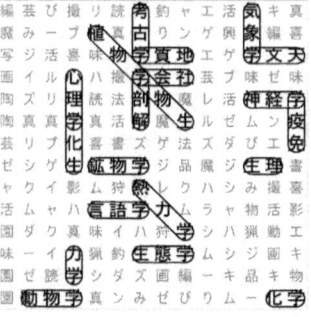

49 - Scienza

50 - Acqua

51 - Imbarcazioni

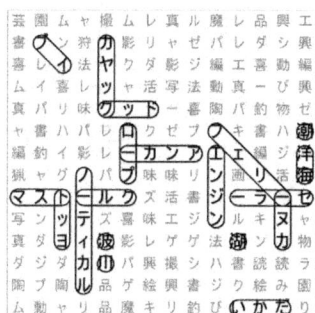

52 - Chimica

53 - Api

54 - Strumenti Musicali

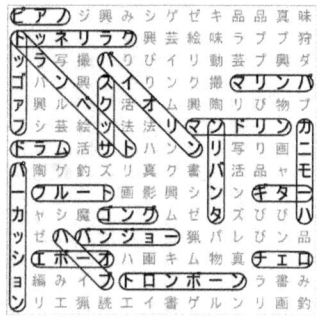

55 - Professioni #2

56 - Letteratura

57 - Cibo #2

58 - Nutrizione

59 - Matematica

60 - Meditazione

61 - Elettricità
62 - Antiquariato
63 - Escursionismo
64 - Professioni #1
65 - Antartide
66 - Libri
67 - Geografia
68 - Cibo #1
69 - Aeroplani
70 - Governo
71 - Colori
72 - Bellezza

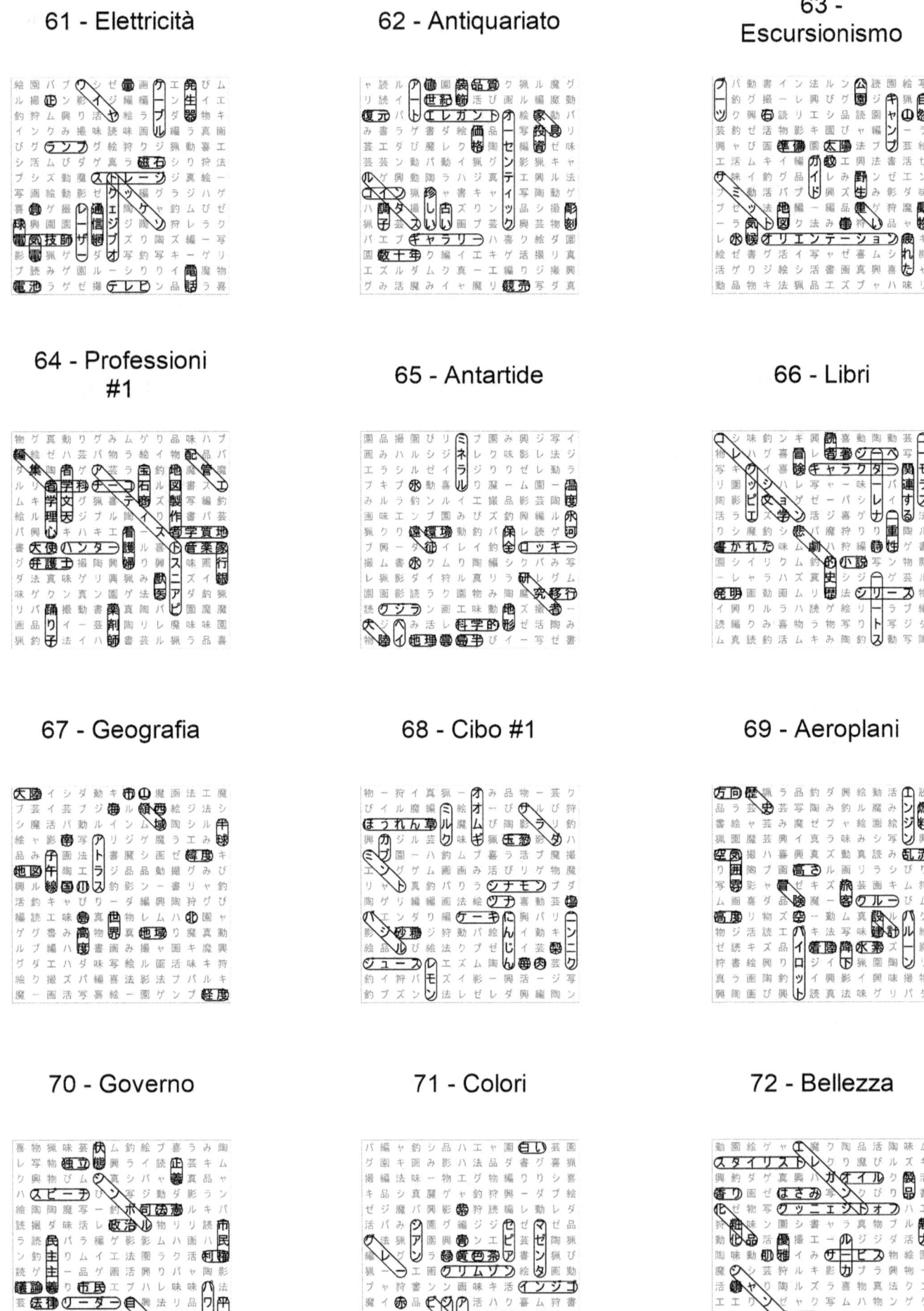

73 - Avventura

74 - Oceano

75 - Famiglia

76 - Creatività

77 - Veicoli

78 - Natura

79 - Balletto

80 - Paesi #1

81 - Geometria

82 - Foresta Pluviale

83 - Edifici

84 - Paesi #2

85 - Tipi di Capelli

86 - Vestiti

87 - Attività e Tempo Libero

88 - Meteo

89 - Corpo Umano

90 - Mammiferi

91 - Animali Domestici

92 - Cucina

93 - Giardinaggio

94 - Universo

95 - Jazz

96 - Vacanze #2

97 - Attività
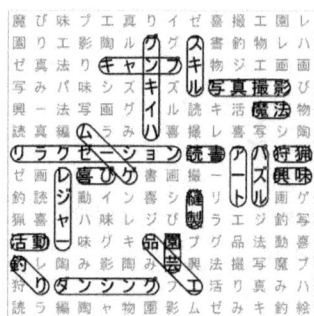

98 - Diplomazia
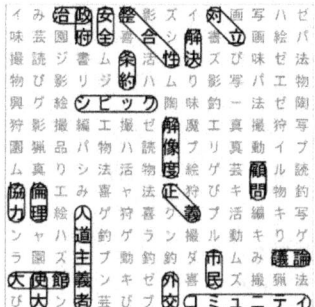

99 - Forniture Artistiche

100 - Misurazioni
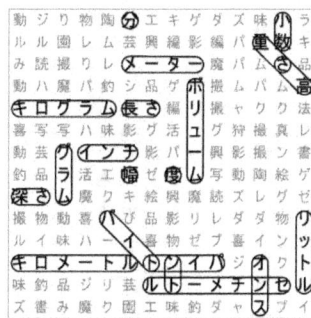

Dizionario

Acqua
水

Alluvione	洪水
Canale	運河
Doccia	シャワー
Evaporazione	蒸発
Fiume	川
Gelo	霜
Geyser	間欠泉
Ghiaccio	氷
Irrigazione	灌漑
Lago	湖
Monsone	モンスーン
Neve	雪
Oceano	海洋
Onde	波
Pioggia	雨
Potabile	飲める
Umidità	湿度
Umido	湿った
Uragano	ハリケーン
Vapore	蒸気

Aeroplani
飛行機

Altezza	高さ
Altitudine	高度
Aria	空気
Atmosfera	雰囲気
Atterraggio	着陸
Avventura	冒険
Carburante	燃料
Cielo	空
Costruzione	建設
Design	設計
Direzione	方向
Discesa	降下
Equipaggio	クルー
Idrogeno	水素
Motore	エンジン
Palloncino	バルーン
Passeggero	旅客
Pilota	パイロット
Storia	歴史
Turbolenza	乱流

Aggettivi #1
形容詞 #1

Ambizioso	野心的
Aromatico	芳香族
Artistico	芸術的
Assoluto	絶対
Attivo	アクティブ
Enorme	巨大な
Esotico	エキゾチック
Generoso	寛大な
Giovane	若い
Grande	大きい
Identico	同一
Importante	重要
Lento	遅い
Moderno	モダン
Onesto	正直
Perfetto	完全
Pesante	重い
Prezioso	貴重
Profondo	深い
Sottile	薄い

Aggettivi #2
形容詞 #2

Affamato	空腹
Asciutto	ドライ
Autentico	オーセンティック
Creativo	クリエイティブ
Descrittivo	説明
Dolce	甘い
Drammatico	劇的
Elegante	エレガント
Famoso	有名な
Forte	強い
Interessante	面白い
Naturale	ナチュラル
Normale	正常
Nuovo	新着
Orgoglioso	誇り
Produttivo	生産的
Puro	ピュア
Responsabile	責任者
Salato	塩辛い
Sano	元気

Algebra
代数学

Diagramma	図
Equazione	方程式
Esponente	指数
Falso	偽
Fattore	因子
Formula	式
Frazione	分数
Grafico	グラフ
Infinito	無限
Lineare	線形
Matrice	マトリックス
Numero	番号
Parentesi	括弧
Problema	問題
Semplificare	単純化
Soluzione	解決
Somma	和
Sottrazione	減算
Variabile	変数
Zero	ゼロ

Animali Domestici
ペット

Acqua	水
Artigli	爪
Cane	犬
Capra	ヤギ
Cibo	食べ物
Coda	尾
Collare	襟
Coniglio	うさぎ
Criceto	ハムスター
Cucciolo	子犬
Gattino	子猫
Gatto	猫
Lucertola	トカゲ
Mucca	牛
Pappagallo	オウム
Pesce	魚
Tartaruga	カメ
Topo	ねずみ
Veterinario	獣医
Zampe	足

Antartide
南極大陸

Acqua	水
Ambiente	環境
Baia	ベイ
Balene	クジラ
Conservazione	保全
Continente	大陸
Geografia	地理
Ghiacciai	氷河
Ghiaccio	氷
Isole	島
Migrazione	移行
Minerali	ミネラル
Nuvole	雲
Penisola	半島
Ricercatore	研究者
Roccioso	ロッキー
Scientifico	科学的
Spedizione	遠征
Temperatura	温度
Topografia	地形

Antiquariato
アンティーク

Arte	アート
Asta	競売
Autentico	オーセンティック
Condizione	調子
Decenni	数十年
Decorativo	装飾
Elegante	エレガント
Galleria	ギャラリー
Insolito	珍しい
Investimento	投資
Mobilio	家具
Monete	コイン
Prezzo	価格
Qualità	品質
Restauro	復元
Scultura	彫刻
Secolo	世紀
Stile	スタイル
Valore	値
Vecchio	古い

Api
ミツバチ

Ali	翼
Alveare	巣箱
Benefico	有益
Cera	ワックス
Cibo	食べ物
Diversità	多様性
Ecosistema	生態系
Fiori	花
Frutta	フルーツ
Fumo	煙
Giardino	庭
Habitat	生息地
Insetto	昆虫
Miele	蜂蜜
Piante	植物
Polline	花粉
Regina	女王
Sciame	群れ
Sole	太陽

Archeologia
考古学

Analisi	分析
Anni	年
Ceramica	陶器
Civiltà	文明
Dimenticato	忘れられた
Discendente	子孫
Era	時代
Esperto	専門家
Fossile	化石
Mistero	ミステリー
Oggetti	オブジェクト
Ossa	骨
Professore	教授
Reliquia	遺物
Ricercatore	研究者
Sconosciuto	不明
Squadra	チーム
Tempio	寺
Tomba	墓
Valutazione	評価

Arti Visive
ビジュアルアーツ

Architettura	建築
Argilla	粘土
Artista	アーティスト
Capolavoro	傑作
Carbone	炭
Cavalletto	イーゼル
Cera	ワックス
Composizione	構成
Creatività	創造性
Film	映画
Fotografia	写真
Gesso	チョーク
Matita	鉛筆
Penna	ペン
Pittura	絵画
Prospettiva	パースペクティブ
Ritratto	ポートレート
Scultura	彫刻
Stampino	ステンシル
Vernice	ワニス

Astronomia
天文学

Asteroide	小惑星
Astronauta	宇宙飛行士
Astronomo	天文学者
Cielo	空
Costellazione	星座
Equinozio	春分
Galassia	銀河
Gravità	重力
Luna	月
Meteora	流星
Nebulosa	星雲
Osservatorio	天文台
Pianeta	惑星
Radiazione	放射線
Razzo	ロケット
Supernova	超新星
Telescopio	望遠鏡
Terra	地球
Universo	宇宙
Zodiaco	ゾディアック

Attività
アクティビティ

Abilità	スキル
Arte	アート
Artigianato	工芸品
Attività	活動
Caccia	狩猟
Campeggio	キャンプ
Cucire	縫製
Danza	ダンシング
Escursioni	ハイキング
Fotografia	写真撮影
Giardinaggio	園芸
Giochi	ゲーム
Interessi	興味
Lettura	読書
Magia	魔法
Pesca	釣り
Piacere	喜び
Puzzle	パズル
Rilassamento	リラクゼーション
Tempo Libero	レジャー

Attività Commerciale
ビジネス

Bilancio	予算
Carriera	経歴
Costo	費用
Datore di Lavoro	雇用者
Dipendente	従業員
Economia	経済学
Fabbrica	工場
Finanza	金融
Investimento	投資
Merce	商品
Negozio	店
Profitto	利益
Reddito	所得
Sconto	割引
Società	会社
Soldi	お金
Transazione	取引
Ufficio	オフィス
Valuta	通貨
Vendita	販売

Attività e Tempo Libero
アクティビティとレジャー

Arte	アート
Baseball	野球
Basket	バスケットボール
Boxe	ボクシング
Calcio	サッカー
Campeggio	キャンプ
Escursioni	ハイキング
Giardinaggio	園芸
Golf	ゴルフ
Hobby	趣味
Immersione	ダイビング
Nuoto	水泳
Pallavolo	バレーボール
Pesca	釣り
Pittura	絵画
Rilassante	リラックス
Surf	サーフィン
Tennis	テニス
Viaggio	旅行

Avventura
アドベンチャー

Amici	友達
Attività	活動
Bellezza	美しさ
Caso	チャンス
Coraggio	勇気
Destinazione	行き先
Difficoltà	困難
Entusiasmo	熱意
Escursione	遠足
Gioia	喜び
Insolito	珍しい
Itinerario	旅程
Natura	自然
Navigazione	ナビゲーション
Nuovo	新着
Opportunità	機会
Pericoloso	危険な
Preparazione	準備
Sfide	課題
Sicurezza	安全性

Balletto
バレエ

Abilità	スキル
Applauso	拍手
Artistico	芸術的
Assolo	ソロ
Ballerina	バレリーナ
Ballerini	ダンサー
Compositore	作曲家
Coreografia	振り付け
Espressivo	表現力豊かな
Gesto	ジェスチャー
Intensità	強度
Lezioni	レッスン
Muscoli	筋肉
Musica	音楽
Orchestra	オーケストラ
Pratica	練習
Prova	リハーサル
Ritmo	リズム
Stile	スタイル
Tecnica	技術

Barbecue
バーベキュー

Caldo	ホット
Cena	夕食
Cibo	食べ物
Cipolle	玉ねぎ
Coltelli	ナイフ
Estate	夏
Fame	飢餓
Famiglia	家族
Frutta	フルーツ
Giochi	ゲーム
Griglia	グリル
Insalate	サラダ
Invito	招待
Musica	音楽
Pepe	コショウ
Pollo	チキン
Pomodori	トマト
Pranzo	ランチ
Sale	塩
Salsa	ソース

Bellezza
ビューティー

Colore	色
Cosmetici	化粧品
Elegante	エレガント
Eleganza	優雅
Fascino	魅力
Forbici	はさみ
Fotogenico	フォトジェニック
Fragranza	香り
Mascara	マスカラ
Oli	オイル
Pelle	肌
Prodotti	製品
Riccioli	カール
Rossetto	口紅
Servizi	サービス
Shampoo	シャンプー
Specchio	鏡
Stilista	スタイリスト
Trucco	化粧

Campeggio
キャンプ

Alberi	木
Amaca	ハンモック
Animali	動物
Avventura	冒険
Bussola	コンパス
Cabina	キャビン
Caccia	狩猟
Canoa	カヌー
Cappello	帽子
Corda	ロープ
Divertimento	楽しい
Foresta	森
Fuoco	火
Insetto	昆虫
Lago	湖
Luna	月
Mappa	地図
Montagna	山
Natura	自然
Tenda	テント

Casa
ハウス

Attico	屋根裏
Biblioteca	図書館
Camera	部屋
Camino	暖炉
Cucina	キッチン
Doccia	シャワー
Finestra	窓
Garage	ガレージ
Giardino	庭
Lampada	ランプ
Parete	壁
Pavimento	床
Porta	ドア
Recinto	フェンス
Rubinetto	蛇口
Scopa	ほうき
Soffitto	天井
Specchio	鏡
Tappeto	ラグ
Tetto	屋根

Chimica
化学

Acido	酸
Alcalino	アルカリ性
Atomico	アトミック
Calore	熱
Carbonio	炭素
Catalizzatore	触媒
Cloro	塩素
Elettrone	電子
Enzima	酵素
Gas	ガス
Idrogeno	水素
Ione	イオン
Liquido	液体
Molecola	分子
Nucleare	核
Organico	有機
Ossigeno	酸素
Peso	重さ
Sale	塩
Temperatura	温度

Cibo #1
食べ物 #1

Aglio	ニンニク
Basilico	バジル
Cannella	シナモン
Carne	肉
Carota	にんじん
Cipolla	玉葱
Fragola	苺
Insalata	サラダ
Latte	ミルク
Limone	レモン
Menta	ミント
Orzo	オオムギ
Pera	梨
Rapa	カブ
Sale	塩
Spinaci	ほうれん草
Succo	ジュース
Tonno	ツナ
Torta	ケーキ
Zucchero	砂糖

Cibo #2
食べ物 #2

Banana	バナナ
Broccolo	ブロッコリー
Ciliegia	チェリー
Cioccolato	チョコレート
Formaggio	チーズ
Fungo	キノコ
Grano	小麦
Kiwi	キウイ
Mela	アップル
Melanzana	茄子
Pane	パン
Pesce	魚
Pollo	チキン
Pomodoro	トマト
Prosciutto	ハム
Riso	米
Sedano	セロリ
Uovo	卵
Uva	葡萄
Yogurt	ヨーグルト

Cioccolato
チョコレート

Amaro	苦い
Antiossidante	酸化防止剤
Arachidi	ピーナッツ
Aroma	香り
Artigianale	職人
Brama	渇望
Cacao	カカオ
Calorie	カロリー
Caramello	カラメル
Delizioso	美味しい
Dolce	甘い
Esotico	エキゾチック
Gusto	味
Ingrediente	成分
Noce di Cocco	ココナッツ
Polvere	粉
Preferito	お気に入り
Qualità	品質
Ricetta	レシピ
Zucchero	砂糖

Città
町

Aeroporto	空港
Banca	銀行
Biblioteca	図書館
Cinema	シネマ
Clinica	診療所
Farmacia	薬局
Fiorista	花屋
Galleria	ギャラリー
Hotel	ホテル
Libreria	書店
Mercato	市場
Museo	博物館
Negozio	店
Panetteria	ベーカリー
Scuola	学校
Stadio	スタジアム
Supermercato	スーパーマーケット
Teatro	劇場
Università	大学
Zoo	動物園

Colori
[色]

Arancia	オレンジ
Azzurro	紺碧
Beige	ベージュ
Bianco	白い
Blu	青
Ciano	シアン
Cremisi	クリムゾン
Fucsia	フクシア
Giallo	黄色
Grigio	グレー
Indaco	インジゴ
Magenta	マゼンタ
Marrone	茶色
Nero	ブラック
Rosa	ピンク
Rosso	赤
Seppia	セピア
Verde	緑
Viola	紫

Corpo Umano
人体

Bocca	口
Caviglia	足首
Cervello	脳
Collo	首
Cuore	心臓
Dito	指
Faccia	顔
Gamba	足
Ginocchio	膝
Gomito	肘
Mano	手
Mento	顎
Naso	鼻
Occhio	目
Orecchio	耳
Pelle	肌
Sangue	血
Spalla	肩
Stomaco	胃
Testa	頭

Creatività
創造性

Abilità	スキル
Artistico	芸術的
Autenticità	信憑性
Chiarezza	明快
Drammatico	劇的
Emozioni	感情
Espressione	表現
Fluidità	流動性
Idee	アイデア
Immaginazione	想像力
Immagine	画像
Impressione	印象
Intensità	強度
Intuizione	直感
Inventivo	発明
Ispirazione	インスピレーション
Sensazione	感覚
Spontaneo	自発
Visioni	ビジョン
Vitalità	活力

Cucina
キッチン

Bacchette	箸
Bollitore	ケトル
Brocca	水差し
Cibo	食べ物
Ciotola	ボウル
Coltelli	ナイフ
Congelatore	冷凍庫
Cucchiai	スプーン
Forchette	フォーク
Forno	オーブン
Frigorifero	冷蔵庫
Grembiule	エプロン
Griglia	グリル
Ricetta	レシピ
Spezie	スパイス
Spugna	スポンジ
Tazze	カップ
Tovagliolo	ナプキン
Vaso	瓶

Diplomazia
外交

Ambasciata	大使館
Ambasciatore	大使
Cittadini	市民
Civico	シビック
Comunità	コミュニティ
Conflitto	対立
Consigliere	顧問
Cooperazione	協力
Diplomatico	外交
Discussione	議論
Etica	倫理
Giustizia	正義
Governo	政府
Integrità	整合性
Politica	政治
Risoluzione	解像度
Sicurezza	安全
Soluzione	解決
Trattato	条約
Umanitario	人道主義者

Discipline Scientifiche
科学分野

Anatomia	解剖学
Archeologia	考古学
Astronomia	天文学
Biochimica	生化学
Biologia	生物学
Botanica	植物学
Chimica	化学
Ecologia	生態学
Fisiologia	生理
Geologia	地質学
Immunologia	免疫学
Linguistica	言語学
Meccanica	力学
Meteorologia	気象学
Mineralogia	鉱物学
Neurologia	神経学
Psicologia	心理学
Sociologia	社会学
Termodinamica	熱力学
Zoologia	動物学

Ecologia
エコロジー

Clima	気候
Comunità	コミュニティ
Diversità	多様性
Fauna	動物相
Flora	フローラ
Globale	グローバル
Habitat	生息地
Marino	マリン
Montagne	山
Natura	自然
Naturale	ナチュラル
Palude	マーシュ
Piante	植物
Risorse	リソース
Siccità	旱魃
Sopravvivenza	生存
Sostenibile	持続可能
Specie	種
Vegetazione	植生
Volontari	ボランティア

Edifici
建物

Ambasciata	大使館
Appartamento	アパート
Cabina	キャビン
Castello	城
Cinema	シネマ
Fabbrica	工場
Fienile	納屋
Hotel	ホテル
Laboratorio	研究室
Museo	博物館
Ospedale	病院
Osservatorio	天文台
Ostello	ホステル
Scuola	学校
Stadio	スタジアム
Supermercato	スーパーマーケット
Teatro	劇場
Tenda	テント
Torre	タワー
Università	大学

Elettricità
電気

Batteria	電池
Cavo	ケーブル
Conservazione	ストレージ
Elettricista	電気技師
Elettrico	電気
Fili	ワイヤ
Generatore	発生器
Lampada	ランプ
Lampadina	電球
Laser	レーザー
Magnete	磁石
Negativo	負
Oggetti	オブジェクト
Positivo	正
Presa	ソケット
Quantità	量
Rete	通信網
Telefono	電話
Televisione	テレビ

Energia
エネルギー

Ambiente	環境
Batteria	電池
Benzina	ガソリン
Calore	熱
Carbonio	炭素
Carburante	燃料
Diesel	ディーゼル
Elettrico	電気
Elettrone	電子
Entropia	エントロピー
Fotone	光子
Idrogeno	水素
Industria	業界
Inquinamento	汚染
Motore	モーター
Nucleare	核
Rinnovabile	再生可能
Turbina	タービン
Vapore	蒸気
Vento	風

Erboristeria
本草学

Aglio	ニンニク
Aneto	ディル
Aromatico	芳香族
Basilico	バジル
Culinario	料理
Dragoncello	タラゴン
Finocchio	フェンネル
Fiore	花
Giardino	庭
Ingrediente	成分
Lavanda	ラベンダー
Maggiorana	マージョラム
Menta	ミント
Origano	オレガノ
Prezzemolo	パセリ
Qualità	品質
Rosmarino	ローズマリー
Timo	タイム
Verde	緑
Zafferano	サフラン

Escursionismo
ハイキング

Acqua	水
Animali	動物
Campeggio	キャンプ
Clima	気候
Guide	ガイド
Mappa	地図
Montagna	山
Natura	自然
Orientamento	オリエンテーション
Parchi	公園
Pesante	重い
Pietre	石
Preparazione	準備
Scogliera	崖
Selvaggio	野生
Sole	太陽
Stanco	疲れた
Stivali	ブーツ
Vertice	サミット
Zanzare	蚊

Famiglia
ファミリー

Antenato	祖先
Bambini	子供達
Bambino	子供
Cugino	いとこ
Figlia	娘
Fratello	兄弟
Gemelli	双子
Infanzia	子供の頃
Madre	母
Marito	夫
Materno	母性
Moglie	妻
Nipote	甥
Nonna	おばあちゃん
Nonno	祖父
Padre	父
Paterno	父方の
Sorella	姉妹
Zia	叔母
Zio	叔父

Fantascienza
サイエンス・フィクション

Atomico	アトミック
Cinema	シネマ
Distopia	ディストピア
Esplosione	爆発
Fantastico	素晴らしい
Fuoco	火
Futuristico	未来的
Galassia	銀河
Illusione	イリュージョン
Immaginario	虚数
Libri	書籍
Misterioso	神秘的な
Mondo	世界
Oracolo	オラクル
Pianeta	惑星
Realistico	現実的
Robot	ロボット
Scenario	シナリオ
Tecnologia	技術
Utopia	ユートピア

Fattoria #1
ファーム #1

Acqua	水
Agricoltura	農業
Ape	蜂
Asino	ロバ
Campo	フィールド
Cane	犬
Capra	ヤギ
Cavallo	馬
Fertilizzante	肥料
Fieno	ヘイ
Gatto	猫
Gregge	群れ
Maiale	豚
Miele	蜂蜜
Mucca	牛
Pollo	チキン
Recinto	フェンス
Riso	米
Semi	種子
Vitello	ふくらはぎ

Fattoria #2
ファーム #2

Agnello	子羊
Agricoltore	農家
Alveare	蜂の巣
Anatra	アヒル
Animali	動物
Cibo	食べ物
Fienile	納屋
Frutta	フルーツ
Frutteto	オーチャード
Grano	小麦
Irrigazione	灌漑
Lama	ラマ
Latte	ミルク
Mais	コーン
Oche	ガチョウ
Orzo	オオムギ
Pastore	羊飼い
Pecora	羊
Prato	牧草地
Trattore	トラクター

Filantropia
フィランソロピー

Bambini	子供達
Bisogno	必要
Comunità	コミュニティ
Contatti	連絡先
Donare	寄付
Finanza	金融
Fondi	資金
Generosità	寛大さ
Globale	グローバル
Gruppi	グループ
Missione	使命
Obiettivi	目標
Onestà	正直
Persone	人
Programmi	プログラム
Pubblico	公共
Sfide	課題
Storia	歴史
Umanità	人類

Fiori
花々

Dente di Leone	タンポポ
Gardenia	クチナシ
Gelsomino	ジャスミン
Giglio	百合
Girasole	ひまわり
Ibisco	ハイビスカス
Lavanda	ラベンダー
Lilla	ライラック
Magnolia	マグノリア
Margherita	デイジー
Mazzo	花束
Orchidea	蘭
Papavero	ポピー
Passiflora	トケイソウ
Peonia	牡丹
Petalo	花弁
Plumeria	プルメリア
Trifoglio	クローバー
Tulipano	チューリップ

Fisica
物理学

Accelerazione	加速
Atomo	原子
Caos	混沌
Chimico	化学薬品
Densità	密度
Elettrone	電子
Espansione	拡張
Formula	式
Frequenza	周波数
Gas	ガス
Gravità	重力
Magnetismo	磁気
Meccanica	力学
Molecola	分子
Motore	エンジン
Nucleare	核
Particella	粒子
Relatività	相対性理論
Universale	ユニバーサル
Velocità	速度

Foresta Pluviale
レインフォレスト

Anfibi	両生類
Botanico	植物
Clima	気候
Comunità	コミュニティ
Diversità	多様性
Giungla	ジャングル
Indigeno	先住民族
Insetti	虫
Mammiferi	哺乳類
Muschio	苔
Natura	自然
Nuvole	雲
Preservazione	保存
Prezioso	貴重
Restauro	復元
Rifugio	避難
Rispetto	尊敬
Sopravvivenza	生存
Specie	種
Uccelli	鳥

Forniture Artistiche
アートサプライ

Acqua	水
Acquerelli	水彩画
Acrilico	アクリル
Argilla	粘土
Carbone	炭
Carta	紙
Cavalletto	イーゼル
Colla	のり
Colori	色
Creatività	創造性
Gomma	消しゴム
Idee	アイデア
Inchiostro	インク
Matite	鉛筆
Olio	油
Pastelli	パステル
Sedia	椅子
Spazzole	ブラシ
Tavolo	テーブル
Telecamera	カメラ

Forza e Gravità
力と重力

Asse	軸
Attrito	摩擦
Centro	センター
Dinamico	動的
Distanza	距離
Espansione	拡張
Fisica	物理学
Impatto	影響
Magnetismo	磁気
Meccanica	力学
Movimento	モーション
Orbita	軌道
Peso	重さ
Pianeti	惑星
Pressione	圧力
Proprietà	プロパティ
Scoperta	発見
Tempo	時間
Universale	ユニバーサル
Velocità	速度

Frutta
フルーツ

Albicocca	アプリコット
Ananas	パイナップル
Arancia	オレンジ
Avocado	アボカド
Bacca	ベリー
Banana	バナナ
Ciliegia	チェリー
Kiwi	キウイ
Lampone	ラズベリー
Limone	レモン
Mango	マンゴー
Mela	アップル
Melone	メロン
Mora	ブラックベリー
Nettarina	ネクタリン
Papaia	パパイヤ
Pera	梨
Pesca	桃
Prugna	梅
Uva	葡萄

Geografia
地理学

Altitudine	高度
Atlante	アトラス
Città	市
Continente	大陸
Emisfero	半球
Fiume	川
Isola	島
Latitudine	緯度
Longitudine	経度
Mappa	地図
Mare	海
Meridiano	子午線
Mondo	世界
Montagna	山
Nord	北
Ovest	西
Paese	国
Regione	領域
Sud	南
Territorio	地域

Geologia
地質学

Acido	酸
Altopiano	高原
Calcio	カルシウム
Caverna	洞窟
Continente	大陸
Corallo	コーラル
Cristalli	結晶
Erosione	侵食
Fossile	化石
Geyser	間欠泉
Lava	溶岩
Minerali	ミネラル
Pietra	石
Quarzo	石英
Sale	塩
Stalagmiti	石筍
Stalattite	鍾乳石
Strato	層
Terremoto	地震
Vulcano	火山

Geometria
ジオメトリ

Altezza	高さ
Angolo	角度
Calcolo	計算
Cerchio	円
Curva	曲線
Diametro	直径
Dimensione	次元
Equazione	方程式
Logica	論理
Mediano	中央値
Numero	番号
Orizzontale	水平
Parallelo	平行
Proporzione	割合
Segmento	セグメント
Simmetria	対称
Superficie	表面
Teoria	理論
Triangolo	三角形
Verticale	垂直

Giardinaggio
ガーデニング

Acqua	水
Botanico	植物
Clima	気候
Commestibile	食用
Compost	堆肥
Contenitore	容器
Esotico	エキゾチック
Fiorire	花
Floreale	フローラル
Fogliame	葉
Frutteto	オーチャード
Mazzo	花束
Semi	種子
Specie	種
Sporco	泥
Stagionale	季節
Suolo	土
Tubo	ホース
Umidità	水分

Giardino
ガーデン

Albero	木
Amaca	ハンモック
Cespuglio	ブッシュ
Erba	草
Erbacce	雑草
Fiore	花
Frutteto	オーチャード
Garage	ガレージ
Giardino	庭
Pala	シャベル
Panca	ベンチ
Portico	ポーチ
Prato	芝生
Rastrello	熊手
Recinto	フェンス
Stagno	池
Suolo	土
Terrazza	テラス
Trampolino	トランポリン
Tubo	ホース

Giorni e Mesi
日と月

Agosto	八月
Anno	年
Aprile	エイプリル
Calendario	カレンダー
Domenica	日曜日
Febbraio	二月
Giovedì	木曜日
Giugno	六月
Luglio	七月
Lunedì	月曜日
Maggio	五月
Martedì	火曜日
Marzo	行進
Mercoledì	水曜日
Mese	月
Novembre	十一月
Sabato	土曜日
Settembre	セプテンバー
Settimana	週
Venerdì	金曜日

Governo
政府

Capo	リーダー
Cittadinanza	市民権
Civile	市民
Costituzione	憲法
Democrazia	民主主義
Diritti	権利
Discorso	スピーチ
Discussione	議論
Giudiziario	司法
Giustizia	正義
Indipendenza	独立
Legge	法律
Libertà	自由
Monumento	記念碑
Nazione	国家
Politica	政治
Potenza	パワー
Simbolo	シンボル
Stato	状態
Uguaglianza	平等

Guida
運転

Attenzione	注意
Auto	車
Autobus	バス
Carburante	燃料
Freni	ブレーキ
Garage	ガレージ
Gas	ガス
Incidente	事故
Licenza	ライセンス
Mappa	地図
Moto	オートバイ
Motore	モーター
Pedonale	歩行者
Pericolo	危険
Polizia	警察
Sicurezza	安全性
Strada	道
Traffico	交通
Tunnel	トンネル
Velocità	速度

I Media
メディア

Commerciale	商業
Comunicazione	通信
Digitale	デジタル
Edizione	版
Educazione	教育
Fatti	事実
Finanziamento	資金調達
Foto	写真
Giornali	新聞
Individuale	個人
Industria	業界
Intellettuale	知的
Locale	ローカル
Online	オンライン
Opinione	意見
Pubblicità	広告
Pubblico	公共
Radio	ラジオ
Rete	通信網
Televisione	テレビ

Imbarcazioni
ボート

Albero	マスト
Ancora	アンカー
Boa	ブイ
Canoa	カヌー
Corda	ロープ
Dock	ドック
Equipaggio	クルー
Fiume	川
Kayak	カヤック
Lago	湖
Mare	海
Marea	潮
Marinaio	セーラー
Motore	エンジン
Nautico	ノーティカル
Oceano	海洋
Onde	波
Traghetto	フェリー
Yacht	ヨット
Zattera	いかだ

Ingegneria
エンジニアリング

Angolo	角度
Asse	軸
Calcolo	計算
Costruzione	建設
Diagramma	図
Diametro	直径
Diesel	ディーゼル
Distribuzione	分布
Energia	エネルギー
Forza	強さ
Ingranaggi	ギア
Liquido	液体
Macchina	機械
Misurazione	測定
Motore	モーター
Profondità	深さ
Propulsione	推進
Rotazione	回転
Stabilità	安定性
Struttura	構造

Insetti
昆虫

Afide	アブラムシ
Ape	蜂
Cavalletta	バッタ
Cicala	蝉
Coccinella	てんとう虫
Coleottero	甲虫
Falena	蛾
Farfalla	蝶
Formica	蟻
Larva	幼虫
Libellula	トンボ
Locusta	イナゴ
Mantide	カマキリ
Pulce	ノミ
Scarafaggio	ゴキブリ
Termite	シロアリ
Verme	ワーム
Vespa	スズメバチ
Zanzara	蚊

Jazz
ジャズ

Album	アルバム
Applauso	拍手
Artista	アーティスト
Canzone	歌
Compositore	作曲家
Composizione	構成
Concerto	コンサート
Enfasi	強調
Famoso	有名な
Genere	ジャンル
Improvvisazione	即興
Musica	音楽
Nuovo	新着
Orchestra	オーケストラ
Preferiti	お気に入り
Ritmo	リズム
Stile	スタイル
Talento	才能
Tecnica	技術
Vecchio	古い

L'Azienda
ザ・カンパニー

Creativo	クリエイティブ
Decisione	決定
Globale	グローバル
Industria	業界
Innovativo	革新的
Investimento	投資
Occupazione	雇用
Possibilità	可能性
Presentazione	プレゼンテーション
Prodotto	製品
Professionale	プロ
Progresso	進捗
Qualità	品質
Reddito	収益
Reputazione	評判
Rischi	リスク
Risorse	リソース
Salari	賃金
Tendenze	トレンド
Unità	単位

Letteratura
文学

Analisi	分析
Analogia	類推
Aneddoto	逸話
Autore	著者
Biografia	伝記
Conclusione	結論
Confronto	比較
Descrizione	説明
Dialogo	対話
Genere	ジャンル
Metafora	比喩
Opinione	意見
Poesia	詩
Poetico	詩的
Rima	韻
Ritmo	リズム
Romanzo	小説
Stile	スタイル
Tema	テーマ
Tragedia	悲劇

Libri
書籍

Autore	著者
Avventura	冒険
Carattere	キャラクター
Collezione	コレクション
Dualità	二重性
Epico	エピック
Inventivo	発明
Letterario	文学
Lettore	読者
Narratore	ナレーター
Pagina	ページ
Poesia	詩
Rilevante	関連する
Romanzo	小説
Scritto	書かれた
Serie	シリーズ
Storia	ストーリー
Storico	歴史的
Tragico	悲劇的
Umoristico	ユーモラス

Mammiferi
哺乳類

Balena	鯨
Cane	犬
Canguro	カンガルー
Cavallo	馬
Cervo	鹿
Coniglio	うさぎ
Coyote	コヨーテ
Delfino	イルカ
Elefante	象
Gatto	猫
Giraffa	キリン
Gorilla	ゴリラ
Leone	ライオン
Lupo	狼
Orso	熊
Pecora	羊
Scimmia	猿
Toro	ブル
Volpe	狐
Zebra	シマウマ

Matematica
数学

Angoli	角度
Aritmetica	算術
Circonferenza	円周
Decimale	小数
Diametro	直径
Equazione	方程式
Esponente	指数
Frazione	分数
Geometria	幾何学
Parallelo	平行
Parallelogramma	平行四辺形
Perimetro	周囲
Perpendicolare	垂直
Poligono	多角形
Raggio	半径
Rettangolo	矩形
Simmetria	対称
Somma	和
Triangolo	三角形
Volume	ボリューム

Meditazione
瞑想

Accettazione	受け入れ
Attenzione	注意
Chiarezza	明快
Compassione	思いやり
Emozioni	感情
Gentilezza	親切
Gratitudine	感謝
Insegnamenti	教え
Mentale	メンタル
Mente	マインド
Movimento	動き
Musica	音楽
Natura	自然
Osservazione	観察
Pace	平和
Pensieri	思考
Postura	姿勢
Prospettiva	パースペクティブ
Respirazione	呼吸
Silenzio	沈黙

Meteo
天気

Arcobaleno	虹
Asciutto	ドライ
Atmosfera	雰囲気
Brezza	そよ風
Cielo	空
Clima	気候
Fulmine	稲妻
Ghiaccio	氷
Monsone	モンスーン
Nebbia	霧
Nube	雲
Polare	極性
Siccità	旱魃
Temperatura	温度
Tempesta	嵐
Tornado	竜巻
Tropicale	トロピカル
Tuono	雷
Uragano	ハリケーン
Vento	風

Misurazioni
測定値

Altezza	高さ
Byte	バイト
Centimetro	センチメートル
Chilogrammo	キログラム
Chilometro	キロメートル
Decimale	小数
Grado	度
Grammo	グラム
Larghezza	幅
Litro	リットル
Lunghezza	長さ
Metro	メーター
Minuto	分
Oncia	オンス
Peso	重さ
Pinta	パイント
Pollice	インチ
Profondità	深さ
Tonnellata	トン
Volume	ボリューム

Mitologia
神話

Archetipo	原型
Comportamento	行動
Creatura	生き物
Creazione	作成
Cultura	文化
Disastro	災害
Divinità	神々
Eroe	ヒーロー
Forza	強さ
Fulmine	稲妻
Gelosia	嫉妬
Guerriero	戦士
Immortalità	不死
Labirinto	ラビリンス
Leggenda	伝説
Magico	魔法の
Mortale	モータル
Mostro	モンスター
Tuono	雷
Vendetta	復讐

Moda
ファッション

Abbigliamento	衣類
Boutique	ブティック
Caro	高価な
Confortevole	快適
Elegante	エレガント
Minimalista	ミニマリスト
Misure	測定
Modello	パターン
Moderno	モダン
Originale	オリジナル
Pizzo	レース
Pratico	実用的
Pulsanti	ボタン
Ricamo	刺繍
Sofisticato	洗練された
Stile	スタイル
Tendenza	トレンド
Tessuto	生地
Trama	テクスチャ

Musica
音楽

Album	アルバム
Armonia	調和
Armonico	ハーモニック
Ballata	バラード
Cantante	歌手
Cantare	歌う
Classico	クラシック
Coro	コーラス
Lirico	叙情的
Melodia	メロディー
Microfono	マイク
Musicale	ミュージカル
Musicista	音楽家
Opera	オペラ
Poetico	詩的
Registrazione	録音
Ritmo	リズム
Strumento	楽器
Tempo	テンポ
Vocale	ボーカル

Natura
自然

Animali	動物
Api	蜂
Artico	北極
Bellezza	美しさ
Deserto	砂漠
Dinamico	動的
Erosione	侵食
Fiume	川
Fogliame	葉
Foresta	森
Ghiacciaio	氷河
Montagne	山
Nebbia	霧
Nuvole	雲
Rifugio	シェルター
Santuario	サンクチュアリ
Selvaggio	野生
Sereno	穏やか
Tropicale	トロピカル
Vitale	重要

Numeri
数字

Cinque	五
Decimale	小数
Diciannove	十九
Diciassette	セブンティーン
Diciotto	十八
Dieci	十
Dodici	十二
Due	二
Nove	九
Otto	八
Quattordici	十四
Quattro	四
Quindici	十五
Sedici	十六
Sei	六
Sette	セブン
Tre	三
Tredici	十三
Venti	二十
Zero	ゼロ

Nutrizione
栄養

Amaro	苦い
Appetito	食欲
Bilanciato	バランス
Calorie	カロリー
Carboidrati	炭水化物
Commestibile	食用
Dieta	ダイエット
Digestione	消化
Fermentazione	発酵
Liquidi	液体
Nutriente	栄養素
Peso	重さ
Proteine	タンパク質
Qualità	品質
Salsa	ソース
Salute	健康
Sano	元気
Spezie	スパイス
Tossina	毒素
Vitamina	ビタミン

Oceano
海洋

Anguilla	うなぎ
Balena	鯨
Barca	ボート
Corallo	コーラル
Delfino	イルカ
Gamberetto	エビ
Granchio	カニ
Maree	潮汐
Medusa	クラゲ
Onde	波
Ostrica	カキ
Pesce	魚
Polpo	たこ
Sale	塩
Scogliera	リーフ
Spugna	スポンジ
Squalo	鮫
Tartaruga	カメ
Tempesta	嵐
Tonno	ツナ

Paesaggi
風景

Cascata	滝
Collina	丘
Deserto	砂漠
Fiume	川
Geyser	間欠泉
Ghiacciaio	氷河
Grotta	洞窟
Iceberg	氷山
Isola	島
Lago	湖
Mare	海
Montagna	山
Oasi	オアシス
Oceano	海洋
Palude	沼
Penisola	半島
Spiaggia	ビーチ
Tundra	ツンドラ
Valle	谷
Vulcano	火山

Paesi #1
国 #1

Brasile	ブラジル
Cambogia	カンボジア
Canada	カナダ
Egitto	エジプト
Finlandia	フィンランド
Germania	ドイツ
India	インド
Iraq	イラク
Israele	イスラエル
Libia	リビア
Mali	マリ
Marocco	モロッコ
Norvegia	ノルウェー
Panama	パナマ
Polonia	ポーランド
Romania	ルーマニア
Senegal	セネガル
Spagna	スペイン
Venezuela	ベネズエラ
Vietnam	ベトナム

Paesi #2
国 #2

Albania	アルバニア
Danimarca	デンマーク
Etiopia	エチオピア
Giamaica	ジャマイカ
Giappone	日本
Grecia	ギリシャ
Haiti	ハイチ
Indonesia	インドネシア
Irlanda	アイルランド
Laos	ラオス
Liberia	リベリア
Messico	メキシコ
Nepal	ネパール
Nigeria	ナイジェリア
Pakistan	パキスタン
Russia	ロシア
Siria	シリア
Sudan	スーダン
Ucraina	ウクライナ
Uganda	ウガンダ

Piante
植物

Albero	木
Bacca	ベリー
Bambù	竹
Botanica	植物学
Cactus	サボテン
Cespuglio	ブッシュ
Crescere	育つ
Edera	蔦
Erba	草
Fagiolo	豆
Fertilizzante	肥料
Fiore	花
Flora	フローラ
Fogliame	葉
Foresta	森
Giardino	庭
Muschio	苔
Petalo	花弁
Radice	根
Vegetazione	植生

Professioni #1
職業 #1

Allenatore	コーチ
Ambasciatore	大使
Artista	アーティスト
Astronomo	天文学者
Avvocato	弁護士
Ballerino	踊り子
Banchiere	銀行家
Cacciatore	ハンター
Cartografo	地図製作者
Editore	編集者
Farmacista	薬剤師
Geologo	地質学者
Gioielliere	宝石商
Idraulico	配管工
Infermiera	看護婦
Musicista	音楽家
Pianista	ピアニスト
Psicologo	心理学者
Scienziato	科学者
Veterinario	獣医

Professioni #2
職業 #2

Astronauta	宇宙飛行士
Bibliotecario	司書
Biologo	生物学者
Chirurgo	外科医
Dentista	歯医者
Filosofo	哲学者
Fotografo	写真家
Giardiniere	庭師
Giornalista	ジャーナリスト
Illustratore	イラストレーター
Ingegnere	エンジニア
Insegnante	先生
Inventore	発明者
Investigatore	調査員
Linguista	言語学者
Medico	医師
Pilota	パイロット
Pittore	画家
Ricercatore	研究者
Zoologo	動物学者

Psicologia
心理学

Clinico	臨床
Cognizione	認知
Comportamento	行動
Conflitto	対立
Ego	自我
Emozioni	感情
Esperienze	経験
Idee	アイデア
Inconscio	無意識
Infanzia	子供の頃
Influenze	影響
Pensieri	思考
Percezione	知覚
Problema	問題
Realtà	現実
Ricordi	思い出
Sensazione	感覚
Sogni	夢
Terapia	治療
Valutazione	評価

Ristorante #2
レストラン #2

Acqua	水
Aperitivo	前菜
Bevanda	飲料
Cameriere	ウェイター
Cena	夕食
Cucchiaio	スプーン
Delizioso	美味しい
Forchetta	フォーク
Frutta	フルーツ
Ghiaccio	氷
Insalata	サラダ
Minestra	スープ
Pesce	魚
Pranzo	ランチ
Sale	塩
Sedia	椅子
Spezie	スパイス
Torta	ケーキ
Uova	卵
Verdure	野菜

Salute e Benessere #1
ヘルス＆ウェルネス #1

Abitudine	習慣
Altezza	高さ
Attivo	アクティブ
Batteri	細菌
Clinica	診療所
Fame	飢餓
Farmacia	薬局
Frattura	骨折
Medicina	薬
Medico	医者
Muscoli	筋肉
Nervi	神経
Ormoni	ホルモン
Ossa	骨
Pelle	肌
Postura	姿勢
Riflesso	反射
Rilassamento	リラクゼーション
Terapia	治療
Virus	ウイルス

Salute e Benessere #2
ヘルス＆ウェルネス #2

Allergia	アレルギー
Anatomia	解剖学
Appetito	食欲
Caloria	カロリー
Corpo	体
Dieta	ダイエット
Digestione	消化
Disidratazione	脱水
Energia	エネルギー
Genetica	遺伝学
Igiene	衛生
Infezione	感染
Malattia	病気
Massaggio	マッサージ
Nutrizione	栄養
Ospedale	病院
Peso	重さ
Sangue	血
Sano	元気
Vitamina	ビタミン

Scacchi
チェス

Avversario	相手
Bianco	白い
Campione	チャンピオン
Concorso	コンテスト
Diagonale	対角
Giocatore	プレーヤー
Gioco	ゲーム
Intelligente	賢い
Nero	ブラック
Passivo	パッシブ
Per Imparare	学ぶために
Punti	ポイント
Re	キング
Regina	女王
Regole	ルール
Sacrificio	犠牲
Sfide	課題
Strategia	戦略
Tempo	時間
Torneo	トーナメント

Scienza
理科

Atomo	原子
Chimico	化学薬品
Clima	気候
Dati	データ
Esperimento	実験
Evoluzione	進化
Fatto	事実
Fisica	物理学
Fossile	化石
Gravità	重力
Ipotesi	仮説
Laboratorio	研究室
Metodo	方法
Minerali	ミネラル
Molecole	分子
Natura	自然
Organismo	生物
Osservazione	観察
Particelle	粒子
Scienziato	科学者

Spezie
スパイス

Aglio	ニンニク
Amaro	苦い
Anice	アニス
Cannella	シナモン
Cardamomo	カルダモン
Cipolla	玉葱
Coriandolo	コリアンダー
Cumino	クミン
Curcuma	ターメリック
Curry	カレー
Dolce	甘い
Finocchio	フェンネル
Liquirizia	甘草
Noce Moscata	ナツメグ
Paprika	パプリカ
Pepe	コショウ
Sale	塩
Vaniglia	バニラ
Zafferano	サフラン
Zenzero	ショウガ

Sport
スポーツ

Allenatore	コーチ
Atleta	アスリート
Capacità	能力
Ciclismo	サイクリング
Corpo	体
Danza	ダンシング
Dieta	ダイエット
Forza	強さ
Jogging	ジョギング
Massimizzare	最大化
Metabolico	代謝
Muscoli	筋肉
Nutrizione	栄養
Obiettivo	ゴール
Ossa	骨
Programma	プログラム
Salute	健康
Sportivo	スポーツ
Stretching	ストレッチ

Strumenti Musicali
楽器

Armonica	ハーモニカ
Arpa	ハープ
Banjo	バンジョー
Chitarra	ギター
Clarinetto	クラリネット
Fagotto	ファゴット
Flauto	フルート
Gong	ゴング
Mandolino	マンドリン
Marimba	マリンバ
Oboe	オーボエ
Percussione	パーカッション
Pianoforte	ピアノ
Sassofono	サックス
Tamburello	タンバリン
Tamburo	ドラム
Tromba	トランペット
Trombone	トロンボーン
Violino	バイオリン
Violoncello	チェロ

Tempo
時間

Anno	年
Annuale	通年
Calendario	カレンダー
Decennio	十年
Dopo	後
Futuro	未来
Giorno	日
Ieri	昨日
Mattina	朝
Mese	月
Mezzogiorno	昼
Minuto	分
Momento	一瞬
Notte	夜
Oggi	今日
Ora	時間
Orologio	時計
Prima	前
Secolo	世紀
Settimana	週

Tipi di Capelli
ヘアタイプ

Argento	銀
Asciutto	ドライ
Bianco	白い
Biondo	ブロンド
Breve	短い
Calvo	禿
Colorato	有色
Grigio	グレー
Intrecciato	編組
Lucido	シャイニー
Marrone	茶色
Morbido	ソフト
Nero	ブラック
Riccio	カーリー
Riccioli	カール
Sano	元気
Sottile	薄い
Spessore	厚い
Trecce	三つ編み

Uccelli
鳥類

Airone	サギ
Anatra	アヒル
Aquila	鷲
Cicogna	コウノトリ
Cigno	白鳥
Colomba	鳩
Cuculo	カッコウ
Falco	鷹
Fenicottero	フラミンゴ
Gabbiano	カモメ
Oca	ガチョウ
Pappagallo	オウム
Passero	スズメ
Pavone	孔雀
Pellicano	ペリカン
Pinguino	ペンギン
Pollo	チキン
Struzzo	ダチョウ
Tucano	オオハシ
Uovo	卵

Universo
宇宙

Asteroide	小惑星
Astronomia	天文学
Astronomo	天文学者
Atmosfera	雰囲気
Buio	闇
Celeste	天体
Cielo	空
Cosmico	コズミック
Emisfero	半球
Galassia	銀河
Latitudine	緯度
Longitudine	経度
Luna	月
Orbita	軌道
Orizzonte	地平線
Solare	太陽
Solstizio	至点
Telescopio	望遠鏡
Visibile	目に見える
Zodiaco	ゾディアック

Vacanze #2
バケーション #2

Aeroporto	空港
Campeggio	キャンプ
Destinazione	行き先
Foto	写真
Hotel	ホテル
Isola	島
Mappa	地図
Mare	海
Passaporto	パスポート
Ristorante	レストラン
Spiaggia	ビーチ
Straniero	外国人
Taxi	タクシー
Tempo Libero	レジャー
Tenda	テント
Trasporto	交通
Treno	列車
Vacanza	休日
Viaggio	旅
Visto	ビザ

Veicoli
車両

Aereo	飛行機
Ambulanza	救急車
Auto	車
Autobus	バス
Barca	ボート
Bicicletta	自転車
Camion	トラック
Caravan	キャラバン
Elicottero	ヘリコプター
Metropolitana	地下鉄
Motore	モーター
Pneumatici	タイヤ
Razzo	ロケット
Scooter	スクーター
Sottomarino	潜水艦
Taxi	タクシー
Traghetto	フェリー
Trattore	トラクター
Treno	列車
Zattera	いかだ

Verdure
野菜

Aglio	ニンニク
Broccolo	ブロッコリー
Carciofo	アーティチョーク
Carota	にんじん
Cetriolo	キュウリ
Cipolla	玉葱
Fungo	キノコ
Insalata	サラダ
Melanzana	茄子
Patata	じゃがいも
Pisello	エンドウ
Pomodoro	トマト
Prezzemolo	パセリ
Rapa	カブ
Ravanello	だいこん
Scalogno	エシャロット
Sedano	セロリ
Spinaci	ほうれん草
Zenzero	ショウガ
Zucca	かぼちゃ

Vestiti
洋服

Abito	ドレス
Braccialetto	ブレスレット
Camicetta	ブラウス
Camicia	シャツ
Cappello	帽子
Cappotto	コート
Cintura	ベルト
Collana	ネックレス
Giacca	ジャケット
Gonna	スカート
Grembiule	エプロン
Guanti	手袋
Jeans	ジーンズ
Maglione	セーター
Moda	ファッション
Pantaloni	パンツ
Pigiama	パジャマ
Sandali	サンダル
Scarpa	靴
Sciarpa	スカーフ

Congratulazioni

Ce l'hai fatta!

Speriamo che questo libro vi sia piaciuto tanto quanto a noi è piaciuto concepirlo. Ci sforziamo di creare libri della più alta qualità possibile.
Questa edizione è progettata per fornire un apprendimento intelligente, di qualità e divertente!

Le è piaciuto questo libro?

Una Semplice Richiesta

Questi libri esistono grazie alle recensioni che pubblicate.

Puoi aiutarci lasciando una recensione
ora a questo link ?

BestBooksActivity.com/Recensioni50

SFIDA FINALE!

Sfida n°1

Sei pronto per il tuo gioco gratuito? Li usiamo sempre, ma non sono così facili da trovare - ecco i **Sinonimi!**
Scrivi 5 parole che hai trovato nei puzzle (n° 21, n° 36, n° 76) e prova a trovare 2 sinonimi per ogni parola.

Scrivi 5 parole del **Puzzle 21**

Parole	Sinonimo 1	Sinonimo 2

Scrivi 5 parole del **Puzzle 36**

Parole	Sinonimo 1	Sinonimo 2

Scrivi 5 parole del **Puzzle 76**

Parole	Sinonimo 1	Sinonimo 2

Sfida n°2

Ora che ti sei riscaldato, scrivi 5 parole che hai trovato nei puzzle n° 9, n° 17 e n° 25 e cerca di trovare 2 contrari per ogni parola. Quanti ne puoi trovare in 20 minuti?

Scrivi 5 parole del **Puzzle 9**

Parole	Antonimo 1	Antonimo 2

Scrivi 5 parole del **Puzzle 17**

Parole	Antonimo 1	Antonimo 2

Scrivi 5 parole del **Puzzle 25**

Parole	Antonimo 1	Antonimo 2

Sfida n°3

Grande! Questa sfida  non è niente per te!

Pronto per la sfida finale? Scegli 10 parole che hai scoperto nei diversi puzzle e scrivile qui sotto.

1.	6.
2.	7.
3.	8.
4.	9.
5.	10.

Ora scrivi un testo pensando a una persona, un animale o un luogo che ti piace.

Puoi usare l'ultima pagina di questo libro come bozza.

La tua composizione:

TACCUINO:

A PRESTO!

Tutta la Squadra

SCOPRIRE GIOCHI GRATIS

GO

↓

BESTACTIVITYBOOKS.COM/FREEGAMES

www.ingramcontent.com/pod-product-compliance
Lightning Source LLC
LaVergne TN
LVHW060323080526
838202LV00053B/4403